MEXICANOS como YO

Diseño de portada: Planeta Arte & Diseño / Bruno Valasse
Fotografía de la autora: © Pablo Valero
Diseño de interiores: Carmen Irene Gutiérrez Romero
Ilustraciones de interiores: Daniel Delgado Santos
Ejercicios y actividades: Montserrat Flores Castelán y
María José González Camarena
© 2019, Ana Francisca Vega Valdés

Derechos reservados

© 2019, Editorial Planeta Mexicana, S.A. de C.V.
Bajo el sello editorial PLANETA M.R.
Avenida Presidente Masarik núm. 111, Piso 2
Polanco V Sección, Miguel Hidalgo
C.P. 11560, Ciudad de México
www.planetadelibros.com.mx

Primera edición impresa en México: noviembre de 2019
Segunda reimpresión en México: mayo de 2024
ISBN: 978-607-07-6187-4

No se permite la reproducción total o parcial de este libro ni su incorporación a un sistema informático, ni su transmisión en cualquier forma o por cualquier medio, sea este electrónico, mecánico, por fotocopia, por grabación u otros métodos, sin el permiso previo y por escrito de los titulares del *copyright*.

La infracción de los derechos mencionados puede ser constitutiva de delito contra la propiedad intelectual (Arts. 229 y siguientes de la Ley Federal de Derechos de Autor y Arts. 424 y siguientes del Código Penal).

Si necesita fotocopiar o escanear algún fragmento de esta obra diríjase al CeMPro (Centro Mexicano de Protección y Fomento de los Derechos de Autor, http://www.cempro.org.mx).

Impreso en los talleres de Lyon AG, S.A. de C.V.
Hierro No. 5, Col. Esfuerzo Nacional, C.P. 55320, Ecatepec de Morelos,
Estado de México.
Impreso y hecho en México — *Printed and made in Mexico*

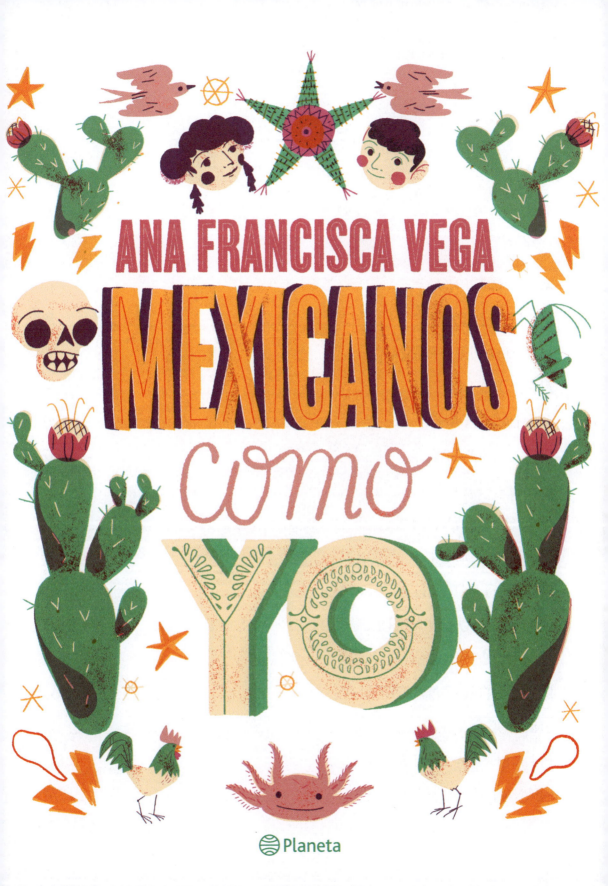

Índice

ALEXA MORENO 12

AGUSTÍN LARA 16

ALONDRA DE LA PARRA 20

AMELIO ROBLES 24

ANA BAQUEDANO 28

CARLOS MONSIVÁIS 32

ÁNGELA PERALTA 38

CARLOS SANTANA 42

CHARLYN CORRAL 46

EDUARDO MATOS MOCTEZUMA 50

CONSUELITO VELÁZQUEZ 54

EL SANTO 58

DOROTHY RUÍZ MARTÍNEZ 62

ENRIQUE OLVERA 66

EDNA LETICIA GONZÁLEZ 70

FERNANDO VALENZUELA 74

ELSA ÁVILA	80
FRANCISCO TOLEDO	84
ELVIA CARRILLO PUERTO	88
GILBERTO BOSQUES	92
FRIDA KAHLO	96
GILBERTO RINCÓN GALLARDO	100
GALIA MOSS	104
GUILLERMO DEL TORO	110
GRACIELA ITURBIDE	116
GUILLERMO GONZÁLEZ CAMARENA	122
JULIETA FIERRO	126
HORACIO FRANCO	130
KATY JURADO	134
HUGO SÁNCHEZ	138
LAS PATRONAS	142
ISAAC HERNÁNDEZ	148

LEONA VICARIO	152
ISIDRO BALDENEGRO LÓPEZ	156
LILA DOWNS	160
JAVIER CAMARENA	164
MARÍA DEL ROSARIO ESPINOZA	170
JUAN GABRIEL	174
MARÍA FÉLIX	180
LUIS VILLORO	184
MARTHA ISABEL (PATI) RUÍZ CORZO	188
LUIS ZAMBRANO	194
MATILDE MONTOYA	198
MARIO MOLINA	202
ROSARIO CASTELLANOS	206
OCTAVIO PAZ	210
ROSARIO IBARRA	214
RAFAEL NAVARRO GONZÁLEZ	218
SOR JUANA INÉS DE LA CRUZ	224
RODRIGO MEDELLÍN	228

A las niñas y niños mexicanos:

Crean en el poder que tienen de cambiar lo que no les guste, de escribir su propia historia.

Sepan que tienen la fuerza para conseguir lo que se propongan. Úsenla.

Y cuando tengan dudas o miedos paren un segundo y escuchen a su corazón, la intensidad de sus latidos les dirá hacia dónde ir.

A Luciana, mi tesoro.

PRÓLOGO

Queridos lectores,

Siempre he creído en el poder de las buenas historias. Sé que hoy en día no están muy de moda, pero, si nos damos tiempo para conocerlas, podemos descubrir que en nosotros existe el poder para cambiar el mundo. Sin importar nuestros orígenes, gustos o realidades, en cada uno vive la chispa del cambio.

Por eso decidí escribir este libro, porque es un recuento de las buenas historias del pasado y del presente de México. Algunas son más conocidas que otras, pero todas resultan muy valiosas. Como la de Elvia, quien luchó toda su vida por que las mujeres pudiéramos ejercer nuestro derecho al voto; o la de Luis, que trata de salvar al ajolote de Xochimilco de la extinción; la de Juan Gabriel, que, sin miedo a ser él mismo, puso a bailar a todo el país con sus maravillosas canciones; la de Elsa, que ha izado la bandera de México en algunas de las montañas más altas del planeta; aquella sobre Isidro, amante y protector de los bosques de la sierra Tarahumara; la de Charlyn, goleadora y campeona de futbol que no hizo caso a la tonta idea de que su pasión era «cosa de hombres», o la de Las Patronas, quienes dan de comer todos los días a cientos de migrantes que cruzan nuestro país.

De las vidas de 25 mujeres y 25 hombres mexicanos que conforman este libro, encontrarás mucho de lo que, estoy segura, sientes también todos los días: esperanza, miedo, valentía, soledad, amor por tu país, tu familia y amigos, y pasión por lo que te gusta hacer. Quizá te parezca que la lista está incompleta y, ¿te digo algo?, ¡tienes razón! Una de las cosas más difíciles de hacer fue elegir «solo» 50 historias, porque literalmente hay cientos en México sobre las que se puede escribir. Aun así, te invito leer y a acompañarme en el descubrimiento de la vida de personas que, como tú, tuvieron la fortuna de crecer en este país fantástico.

ALEXA MORENO
Gimnasta

(MEXICALI, 8 DE AGOSTO DE 1994)

A Alexa Moreno le encanta la saga de Harry Potter, el libro El Principito y es fanática del manga y la cultura japonesa. Es también la primera mexicana que ha ganado una medalla en el Campeonato Mundial de Gimnasia Artística, en Doha 2018.

Su mamá cuenta que Alexa era muy inquieta y traviesa, así que sus papás decidieron que tomara clases de gimnasia. Desde entonces se dedicó a entrenar, con la idea de llegar a competir internacionalmente. A los 22 años, su sueño se hizo realidad: representar a México en los Juegos Olímpicos de Río 2016, en los que quedó en el lugar 12 entre las mejores del mundo en salto de caballo.

Sin embargo, en redes sociales muchas personas se burlaron y criticaron su aspecto físico. «Por supuesto que me dolió y fue triste», confesó la gimnasta. Después de esa experiencia, se dedicó a sus estudios universitarios durante dos años, pero logró sobreponerse al bullying y seguir entrenando muy duro para ganar la medalla en el Campeonato Mundial de 2018, con un espectacular salto de caballo que dejó a todo el mundo admirado.

Alexa está en plena preparación para competir en los Juegos Olímpicos de Tokio 2020. «Espero clasificar, voy a seguir entrenando para presentar un salto que me asegure un lugar para Tokio», dijo.

ALEXA DICE QUE LOS ENTRENAMIENTOS SE DISFRUTAN MÁS CON MÚSICA Y ALGUNAS DE LAS BANDAS QUE ESCUCHA SON FALL OUT BOY, PANIC! AT THE DISCO, GOOD CHARLOTTE Y SHAWN MENDES.

¿CUÁL ES LA LISTA DE CANCIONES QUE TE LLENAN DE ENERGÍA?

1. _____
2. _____
3. _____
4. _____
5. _____
6. _____
7. _____
8. _____
9. _____
10. _____

«A esa gente nomás no le pones atención. La gente que importa es la que siempre está a tu lado, que sabe lo que estás haciendo, que sabe lo que estás pasando. Esos son los que a mí me importan».

Agustín Lara

COMPOSITOR
(Tlacotalpan, Veracruz, 30 de octubre de 1897 – Ciudad de México, 6 de noviembre de 1970)

Ángel Agustín María Carlos Fausto Mariano Alfonso del Sagrado Corazón de Jesús Lara y Aguirre del Pino —¡uff, pensé que nunca íbamos a terminar!—, mejor conocido como Agustín Lara, comenzó a mostrar su talento desde los 12 años cuando, diciéndole a su mamá que era telegrafista, empezó a tocar el piano en centros nocturnos y hasta en salas de cine para ambientar las películas que en ese entonces todavía no tenían sonido.

Inició su carrera como compositor desde muy joven y algunos de los cantantes más populares de la época empezaron a buscarlo para interpretar su música. Eran los inicios de la radio en México, así que aprovechó para formar El Son de Marabú, un «pequeño conjunto musical, un poco arbitrario», porque solo contaba con dos pianos, cuatro guitarras y un contrabajo para tocar todos los ritmos imaginables. Con su grupo, Agustín emocionaba a las audiencias que lo seguían fielmente en distintos espacios de la radio.

Era soñador, enamoradizo y amante de la buena vida. Algunos que lo conocieron dicen que era un poco cursi, que hablaba casi como si estuviera recitando poesía. Tenía también una imaginación prodigiosa al escribir. Para muestra, «Granada»: una de sus más famosas canciones, titulada así en honor a esa ciudad de España, fue escrita sin que el llamado «Flaco de oro» hubiese puesto un solo pie ahí.

Su música ha sido interpretada por los mejores y más reconocidos artistas de todos los géneros musicales, y hoy, muchos de sus grandes éxitos siguen haciéndonos vibrar.

¿Te ha pasado que a veces no encuentras las palabras para describir una situación, pero una canción lo hace perfectamente? Sí, esa es la magia de la música. Y Agustín lo sabía. «Amor de mis amores», «Veracruz», «Piensa en mí» fueron algunas de sus canciones más famosas.
Anota una experiencia en la que las canciones hayan completado, salvado o arreglado un momento de tu vida.

¿Has escuchado alguna canción de Agustín Lara? Fue un compositor increíble que supo capturar la esencia de muchísimos momentos. «Amor de mis amores» es de las canciones más populares. Escúchala y completa la letra.

AMOR DE MIS AMORES

Poniendo la mano sobre el _____
Quisiera decirte al _____ de un son
Que tú eres mi _____
Que no quiero a _____
Que _____ el aire
Que respiro el aire
Que respiras _____

Amor de mis amores
Sangre de mi alma
Regálame las _____
de la esperanza
Permite que ponga
Toda la _____ verdad
Que tienen mis dolores
Para decirte que tú eres _____

Alondra de la Parra

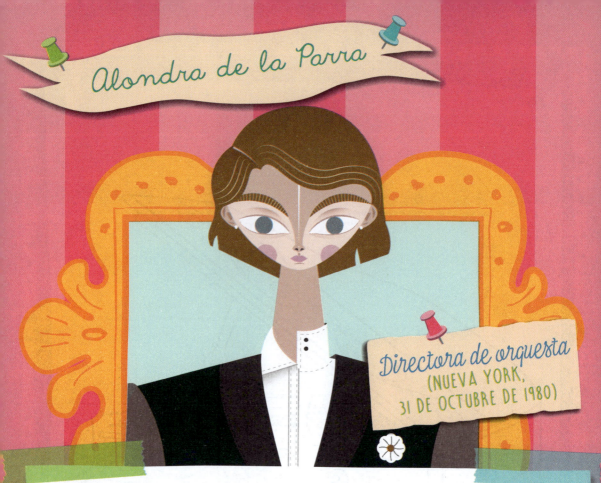

Directora de orquesta
(NUEVA YORK,
31 DE OCTUBRE DE 1980)

En la casa de Alondra siempre había música e instrumentos para practicar. A los siete años eligió estudiar piano y, más tarde, el violonchelo. «Nunca fui una niña prodigio», ha dicho Alondra, para quien la música lo llenaba todo y a ella se aferraba en los momentos difíciles.

Unos años después, pensó que sería increíble dirigir una orquesta. Le fascinaba la magia que parecía salir de los directores cuando se paraban frente a los músicos. Pero «¡todos los directores parecen ser alemanes, muy viejos y canosos!», pensaba.

Aun así, Alondra decidió continuar con sus estudios de música, primero en México y después en Nueva York. Fue en esa ciudad donde comenzó a darse cuenta de que había muchos músicos latinoamericanos llenos de talento, pero sin oportunidades para brillar fuera de sus países.

Alondra decidió que aquello tenía que cambiar y con mucho esfuerzo fundó la primera orquesta sinfónica dedicada promover a músicos y compositores latinoamericanos. El proyecto era titánico y, al inicio, ella hacía de todo.

Desde entonces ha dirigido muchas de las más prestigiosas orquestas del planeta y se ha convertido en una promotora incansable de música y la cultura mexicana y latinoamericana alrededor del mundo.

PARA SER DIRECTORA DE ORQUESTA TIENES QUE SABER DE TODO. DESDE DÓNDE VAN LOS INSTRUMENTOS HASTA TEORÍA DE LA MÚSICA Y COMPOSICIÓN. ¿CÓMO TE SIENTES SOBRE TUS CONOCIMIENTOS MUSICALES? ¡PONGÁMOSLOS A PRUEBA!

Dependiendo de los materiales utilizados en su elaboración o según la forma en que producen su sonido, hay tres familias de instrumentos musicales: de cuerda, de viento y de percusión. Escribe en el paréntesis la inicial de la familia a la que pertenece el instrumento. ¡Buena suerte!

Triángulo ( )   Arpa ( )   Tuba ( )
Viola ( )   Saxofón ( )   Platillos ( )
Clarinete ( )   Xilófono ( ) Trombón ( )
Piano ( )   Guitarra ( ) Flauta ( )
Violín ( )   Tambor ( )   Trompeta ( )

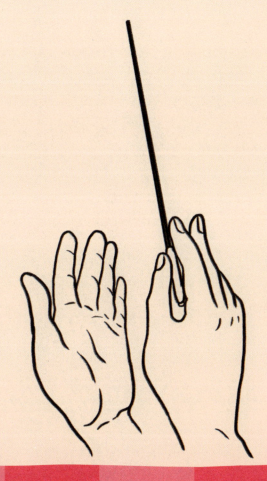

Respuestas: P, C, V, C, C, V, P, C, P, V, V, V, V, V

SI PUDIERAS SER UN INSTRUMENTO, ¿CUÁL SERÍAS? ¿POR QUÉ? ¿INVENTARÍAS UNO? DIBÚJALO AQUÍ:

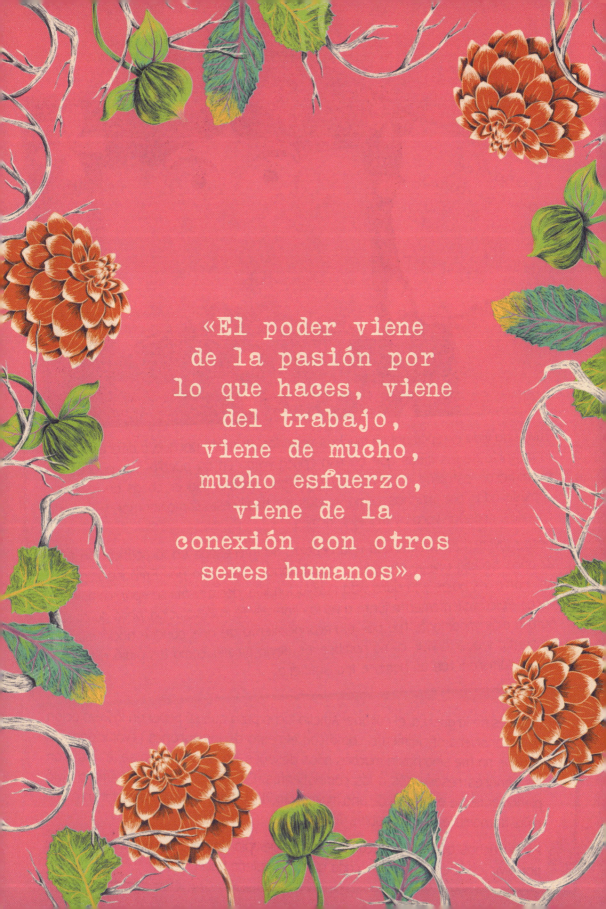

«El poder viene de la pasión por lo que haces, viene del trabajo, viene de mucho, mucho esfuerzo, viene de la conexión con otros seres humanos».

Amelio Robles Ávila

Coronel revolucionario
(XOCHIPALA, GUERRERO, 3 DE NOVIEMBRE DE 1889 – XOCHIPALA, GUERRERO, 9 DE DICIEMBRE DE 1984)

Tuvo una vida excepcional en muchos sentidos. Primero porque, a diferencia de la mayoría de las niñas que en esa época vivían en su pueblo, sus padres le permitieron estudiar la primaria. Le gustaba también hacer cosas del campo, consideradas por muchos como «cosas de hombres», como montar y domar caballos, ordeñar vacas y manejar armas.

Desde joven fue considerada una rebelde, se interesaba en la política y a los 22 años decidió unirse al ejército revolucionario liderado por Emiliano Zapata. Ahí, entre las balas y la dura vida revolucionaria, decía sentirse «por completo libre». Peleó valientemente junto a varios líderes de la Revolución, pero quizá su batalla más importante fue por el reconocimiento de que, aunque nació mujer, se sentía y quería vivir como hombre. Es decir, Amelio, como les pidió a todos que lo llamaran, fue un hombre transgénero.

Después de la guerra, el coronel Amelio luchó para que su papel en la Revolución se reconociera oficialmente, como con el resto de los varones revolucionarios, aunque no fue sino hasta muchos años después, en 1973, cuando se le rindieron los honores reservados a los combatientes. En su vida personal, Amelio vivió plenamente. Se enamoró de una mujer llamada Ángela Torres y adoptaron a una niña, de nombre Régula Robles Torres.

Para muchos activistas, el coronel es un ejemplo de perseverancia en la lucha por vivir en libertad y como cada quien lo quiera hacer.

Amelio se unió a la Revolución porque quería ser libre. Y sí, siempre fue un rebelde y se aferró a lo que realmente era. Hay veces en que quienes nos rodean no nos escuchan cuando queremos expresar nuestra verdadera personalidad. ¿Te ha pasado? Y puede ser por muchas cosas, porque están ocupados, ausentes, temerosos o preocupados. Escríbele una carta a alguien que quieras, cuéntale cómo es tu personalidad y qué te gustaría que recuerde de ti siempre.

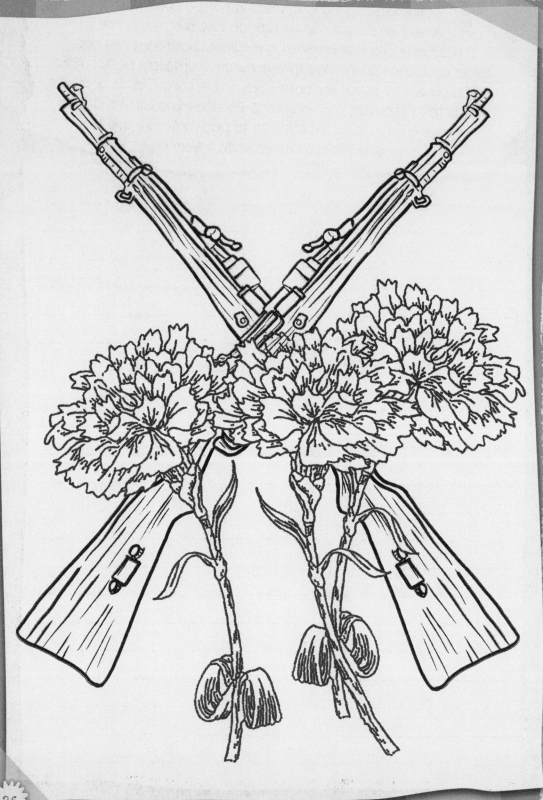

ANA BAQUEDANO
-- ACTIVISTA --

(MÉRIDA, YUCATÁN, 19 DE ENERO DE 1995)

Ana era una estudiante de 16 años con una vida tranquila y feliz. Un día compartió una foto íntima suya con una persona en la que confiaba. Esa persona traicionó su confianza y comenzó a mostrar la imagen a sus amigos, en redes sociales y hasta en páginas de internet. Ana fue víctima de «pornovenganza», la difusión sin permiso de imágenes íntimas o privadas. Para ella fue muy difícil enfrentar la situación, porque se sentía sola y acosada.

Además, se sentía avergonzada y culpable. Sin embargo, con el tiempo entendió que el problema no había sido ella, sino la persona que la traicionó y la gente que se aprovechó de la situación para difundir la imagen, acosarla y molestarla. Así comenzó una batalla para asegurarse de que nadie más pasara por lo mismo.

Lo primero que hizo fue contar su historia: primero a su círculo cercano y después por todos lados. Dio entrevistas en radio, televisión y periódicos. En ese tiempo, conoció a muchas víctimas como ella y decidió que había que luchar para que los ciberacosadores fueran castigados. Así, se unió a otras personas para escribir una ley y que la pornovenganza fuera un delito. Esta ley se aprobó en el estado de Yucatán.

Reconoce que todavía hay mucho por hacer y trabaja para que se apruebe una ley similar en todo México.

Muchas veces nos enfrentamos a momentos en los que no sabemos a dónde ir o nos encontramos lastimados por los comentarios de alguien más. Escríbete una carta para releerla cuando necesites palabras de aliento que te ayuden a seguir adelante.

«Tenemos que difundir un mensaje de amor y respeto a la intimidad. Si te llega una foto así, piensa en la persona; no la veas, no la comentes, no la difundas. cuidémonos entre todos».

Carlos Monsiváis
Escritor
(Ciudad de México, 4 de mayo de 1938 - 19 de junio de 2010)

Carlos era una figura tan querida por tantas personas que, de cariño, muchos lo llamaban «Monsi». A él, un curioso de nacimiento, le gustaban muchas cosas, pero tenía una debilidad especial por los gatos y los libros, las letras y su maravilloso poder para contar historias.

Como escritor, crítico y ensayista, Monsi —quien se definía como «un simple lector»— se interesó por todo tipo de temas, desde los más serios y complejos, como el movimiento estudiantil de 1968, hasta los más ilustrativos de la cultura popular, el cine y las distintas expresiones artísticas en México. Era, además, un cronista excepcional, que retrataba con ironía y humor lo que vivía, veía y escuchaba en su vida diaria. De su trabajo, Carlos solía decir: «Yo vivo a fondo leyendo poesía, escuchando música y analizando procesos de una realidad extraordinaria».

Participó desde muy joven en revistas culturales, suplementos y programas de radio y televisión, aportando siempre una mirada inteligente y única. Fue un crítico de todos aquellos que en México han usado el poder para su propio beneficio y un defensor de las libertades y del deber que tenemos de construir un país más justo para todos.

Hoy puedes ver parte de la gran colección de objetos y curiosidades, que reunió a lo largo de su vida, en el Museo del Estanquillo, en el Centro Histórico de la Ciudad de México.

Un cronista es un escritor que se dedica a recopilar y escribir los acontecimientos importantes de su tiempo y lugar. Así como Monsiváis, es hora de que vivas con libreta y pluma en mano para volverte cronista. Observa por una semana todo lo que pasa en tu escuela y detecta los acontecimientos que creas que son importantes. Ya que sepas sobre qué vas a hablar, empieza a escribir.

¿Por qué es importante? ¿A quién afecta o beneficia? ¿Cómo sucedió? ¿Cuándo pasó?

Fecha de la crónica: _____

Título de la crónica: _____

A Monsiváis le encantaban los gatos, ¡tenía trece! Aunque se calcula que durante toda su vida llegó a tener treinta. Aquí algunos de sus ocurrentes nombres: Fray Gatolomé de las Bardas, Miau Tse Tung, Chocorrol, Posmoderna y Caso omiso.

¿TÚ TIENES MASCOTAS? ¿CÓMO SE LLAMAN?
ESCRIBE AQUÍ SU NOMBRE Y HAZ UN RETRATO

«Si nadie te garantiza
el mañana, el hoy
se vuelve inmenso».

Ángela Peralta

CANTANTE Y COMPOSITORA
(Ciudad de México, 6 de julio de 1845 - Mazatlán, Sinaloa, 30 de agosto de 1883)

Decían que Ángela tenía una voz maravillosa. Aunque en esa época las niñas de origen humilde no tenían muchas oportunidades de estudiar, y menos de dedicar su vida a las artes y la cultura, su familia vio en ella un talento excepcional y la apoyó para que comenzara sus estudios de solfeo y piano desde los cinco años. Para que pudiera aprender a tocar este instrumento, sus padres dibujaron un «teclado» en una mesa para que pudiera practicar.

Comenzó a presentarse en distintos escenarios y, antes de que cumpliera 10, ya era conocida por su hermosa voz. ¡Imagínate que hasta le decían «el Ruiseñor mexicano»! Además de canto, estudiaba italiano y francés, dos idiomas importantes para triunfar en el mundo de la ópera.

El día que debutó en el Teatro Nacional, tenía solamente 15 años y había tanta gente que muchos espectadores, aunque compraron su boleto, tuvieron que quedarse de pie durante la función. La presentación fue tan exitosa que casi de inmediato viajó a Europa para cantar en algunos de los escenarios más importantes del mundo, como la famosa Scala de Milán, donde tuvo que salir ¡veintitrés veces! al finalizar su presentación, porque el público no dejaba de aplaudir.

Durante su vida, a base de puro talento y disciplina, Ángela logró derribar prejuicios y abrir camino para otras mujeres que, después de ella, decidieron dedicar su vida a las artes y la cultura en México.

Dicen que la dedicación y el esfuerzo te pueden llevar lejos. A Ángela, su pasión por la música la hizo viajar por el mundo para presentarse en algunos de los escenarios más importantes de la ópera. ¿Te imaginas lo que era viajar en barco, durante semanas, en 1860? Ángela y su papá cruzaban el océano llenos de esperanza… y con un poquito de miedo. Estas son algunas de las ciudades donde se presentó:

Y A TI, ¿A DÓNDE TE GUSTARÍA VIAJAR HACIENDO LO QUE TE GUSTA? MÁRCALO EN EL MAPA.

- San Petersburgo
- Madrid
- Roma
- Lisboa
- Alejandría

CARLOS SANTANA

Músico y compositor
(Autlán de Navarro, Jalisco, 20 de julio de 1947)

La vida de Carlos siempre ha estado llena de música. En su casa escuchaba a su padre ensayar canciones mexicanas en el violín. Carlos se fascinaba con lo que la música le hacía sentir y no tardó en comenzar a tocar él mismo el violín. Sin embargo, había un instrumento que le llamaba más la atención: la guitarra.

Cuando él y su familia se mudaron a Tijuana, comenzó a tomar clases de guitarra y a tocar en varias bandas de rock. Su estilo era original; sabía improvisar y le gustaba agregar siempre algo diferente a las canciones ya conocidas por todos.

Su familia se mudó a Estados Unidos y él se metió cada vez más en su música. Era la década de los sesenta: años de liberación, rebeldía, experimentación y movimientos civiles. Carlos formó la Santana Blues Band, con la que se presentó en el histórico concierto de Woodstock, que juntó a miles de jóvenes durante varios días para ver a los mejores músicos del momento.

Carlos ha llevado su música a todos los rincones del mundo. En 1998 entró al Salón de la Fama del Rock y fue el primer hispano en ganar un Grammy. A la par de su música, ha llevado consigo siempre un mensaje de orgullo por sus raíces mexicanas y lo importante que es ayudar a que todos los niños crezcan con las mismas oportunidades.

La música puede unir a las personas en una misma causa. Santana fue testigo de eso: en 1969 tocó frente a cientos de personas que se reunieron en Woodstock buscando el fin de la Guerra de Vietnam.

ARMA UNA LISTA DE CANCIONES PARA COMPARTIR CON TU FAMILIA O AMIGOS EN EL COCHE, UNA COMIDA O UNA FIESTA.

TE DEJO ALGUNAS SUGERENCIAS:

(Da Le) Yaleo – Santana

Anastácia – Kiko Loureiro

Three Little Birds – Bob Marley & The Wailers

Quiero ver – Café Tacvba

Tú sí sabes quererme – Natalia Lafourcade

Te quiero con Bugalú – iLe

Bailar contigo – Monsieur Periné

Smooth – Santana (cantada por Rob Thomas)

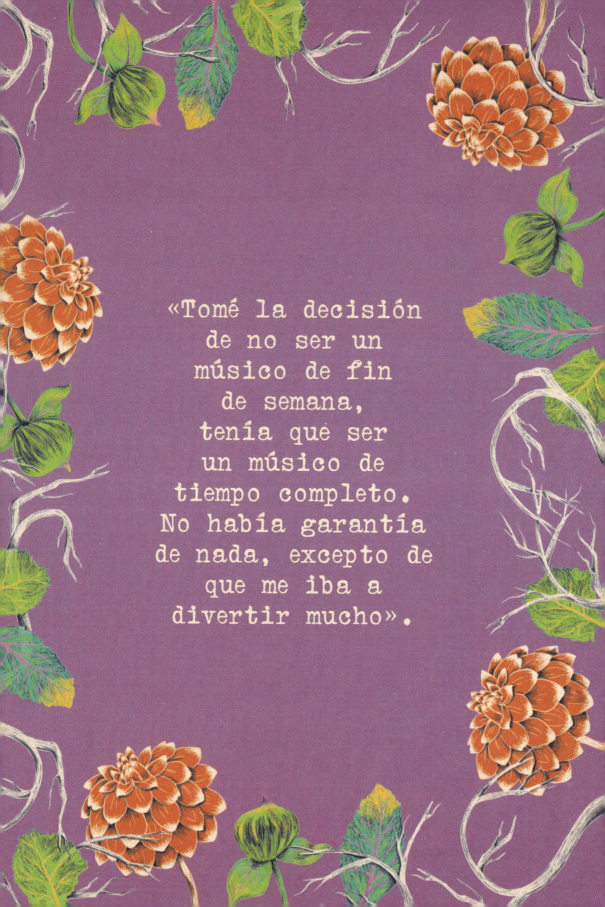

«Tomé la decisión de no ser un músico de fin de semana, tenía que ser un músico de tiempo completo. No había garantía de nada, excepto de que me iba a divertir mucho».

Charlyn Corral

Futbolista

(ACOLMAN, ESTADO DE MÉXICO, 11 DE SEPTIEMBRE DE 1991)

Charlyn tenía cinco años cuando comenzó a correr detrás de una pelota de futbol y, desde entonces, nunca ha dejado de hacerlo. Como a los siete se dio cuenta de que era realmente buena y que además le gustaba mucho.

En su casa, el futbol no era visto como «cosa de hombres». Sus padres apoyaron siempre el talento y la pasión que la pequeña Charlyn mostraba en la cancha. Sin embargo, ella pronto se dio cuenta de que las niñas no tenían las mismas oportunidades que los niños para jugar. «Yo solo quería entrenar y jugar, y me afectaba que no me dejaran», recuerda Charlyn. También la criticaron por su aspecto físico al decir que era demasiado bajita y pesada.

Aun así, siguió demostrando su fuerza y metiendo goles en cada juego, y a los 11 años la llamaron por primera vez a una selección nacional, con lo que se convirtió en la jugadora más joven en anotar un gol con la Selección Mexicana.

Además de entrenar, jugar y anotar golazos con la camiseta de México, Charlyn nunca ha dejado sus estudios.

Decidida a seguir creciendo como futbolista, y dado que en México no había una liga profesional para mujeres, se fue a jugar a España y ahí se convirtió en la primera mexicana en ganar el famoso «pichichi» a la goleadora de la temporada. Hoy, Charlyn sigue jugando por México y es la capitana de nuestra selección femenil.

Por mucho tiempo hemos escuchado que hay actividades de niñas y otras de niños. ¿Alguna vez te ha pasado? Charlyn tuvo que enfrentarse a lo que otras personas pensaban para poder cumplir su sueño.

Anota tres actividades que te hayan dicho que son de niñas o de niños. Escribe por qué crees que la gente piensa eso. Luego piensa en todos tus amigos y selecciona quién sería ideal para esa actividad sin importar su género.

ACTIVIDAD	JUSTIFICACIÓN	AMIGO IDEAL Y POR QUÉ

«Trato de no presionarme de más, porque el futbol es solo un juego, aunque intento dar siempre el máximo».

EDUARDO MATOS MOCTEZUMA

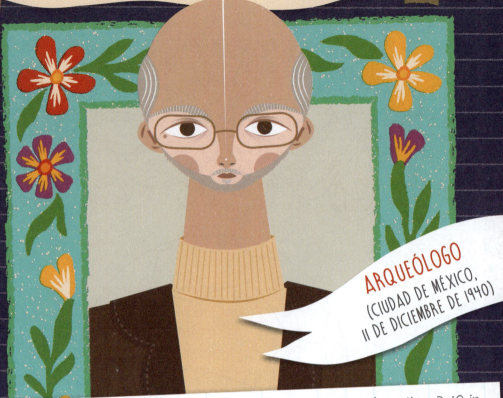

ARQUEÓLOGO
(CIUDAD DE MÉXICO,
11 DE DICIEMBRE DE 1940)

¿Imaginas lo que sería descubrir la existencia de una civilización antigua? ¿O ir desentrañando algunos de los secretos de distintos pueblos del pasado? ¿Reconstruir la historia gracias a ruinas nunca antes exploradas? Mientras leía el libro *Dioses, tumbas y sabios*, de C. W. Ceram, sobre las aventuras de intrépidos arqueólogos, Eduardo fantaseaba con una vida de descubrimientos.

Fascinado por ese mundo, estudió arqueología. «Cada piedra tiene algo que contarnos», pensaba el joven estudiante, mientras recorría las calles del Centro Histórico de la Ciudad de México.

Eduardo buscaba entender la historia del país y de sus pueblos. Por ello, comenzó las excavaciones del Templo Mayor e inició el descubrimiento del principal centro ceremonial de México-Tenochtitlan, la ciudad de los mexicas. Lo que encontró con su equipo resultó verdaderamente asombroso. Comenzaron a aparecer relieves de piedra tallados, máscaras, objetos de cerámica y ofrendas con materiales maravillosos. Una ciudad entera debajo de nuestra ciudad actual.

Además del Templo Mayor, que hoy puedes visitar si vas al centro de la ciudad, Eduardo ha trabajado en Teotihuacán, Tula y Bonampak, entre otros sitios arqueológicos. Por medio de sus investigaciones, exposiciones y libros, nos ha permitido conocer mejor la historia y el universo de los pueblos originarios de México.

Eduardo estuvo a cargo de las excavaciones en el Templo Mayor de la ciudad de Tenochtitlan. En la arqueología hay tres etapas para la investigación:

1. Trabajos de prospección: consisten en la exploración del terreno
2. Excavación
3. Análisis de laboratorio

¿ALGUNA VEZ HAS IDO AL TEMPLO MAYOR?
RELACIONA LOS NOMBRES DE LOS TEMPLOS CON SU UBICACIÓN EN EL MAPA.

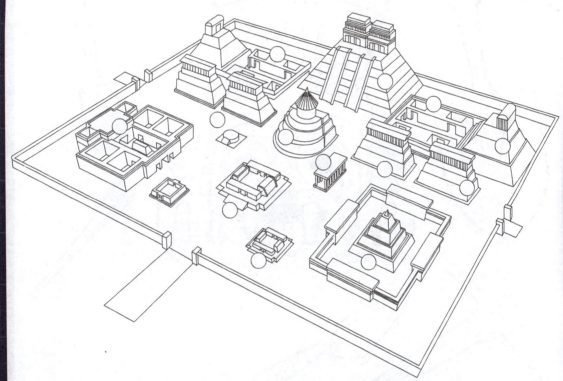

1. Templo Mayor
2. Templo Quetzalcoatl
3. Tzompantli
4. Juego de pelota
5. Casa de las Águilas
6. Casa de los Jaguares
7. Templo Tezcatlipoca
8. Templo Xochipilli
9. Adoratorio de Ehecatl
10. Templo de Xochiquetzal
11. Calmecac
12. Templo de Tonatiuh
13. Tozpalatl

«La arqueología es como una moderna máquina del tiempo que nos permite dar vida a lo muerto».

Consuelito Velázquez

Pianista y compositora

(CIUDAD GUZMÁN, JALISCO, 21 DE AGOSTO DE 1916 – CIUDAD DE MÉXICO, 22 DE ENERO DE 2005)

A Consuelito le encantaba la música desde muy pequeña. A los cuatro años le regalaron un piano de juguete con el que empezó a replicar melodías «de oído», es decir, sin que nadie se las enseñara formalmente. Poco después comenzó a estudiar música y piano en la prestigiosa academia Serratos, en Guadalajara. Era claro que tenía una sensibilidad y un talento extraordinarios para la música.

Luego de unos años se trasladó a la Ciudad de México para seguir con sus estudios. Ahí se recibió como pianista y comenzó a trabajar en la radio y a escribir sus propias canciones. Al principio no se las mostraba a nadie, pero con el tiempo algunos amigos la animaron para que las tocara en público.

A los 20 años compuso «Bésame mucho», la canción mexicana más interpretada de la historia, traducida a más de veinte idiomas y de la que se tiene registro de más de tres mil versiones por artistas de todo el mundo. «Yo admiro mucho a los intérpretes, desde el corazón los admiro y me da mucho gusto cuando tienen éxito, ya sea con música mía o de otros compañeros», declaró.

De esa canción, que increíblemente se colocó catorce semanas en las listas de popularidad de Estados Unidos, solía decir: «La escribí antes de cumplir 20 años, cuando todavía no daba un beso. Todo era producto de mi imaginación».

Consuelito ha pasado a la historia como la compositora mexicana más prolífica y talentosa de todos los tiempos.

«Bésame mucho» es la canción más popular de Consuelito.
La cantaron Elvis Presley, Nat King Cole, Frank Sinatra y ¡hasta los Beatles!

Si escribieras una canción, ¿cuál sería la letra?

Con el piano, Consuelito logró transmitir sus emociones. ¿Tocas algún instrumento? ¿Te gustaría aprender a tocar alguno? Te dejamos una lista para que marques cuál te gustaría. Al final puedes proponer otros que no estén en la lista y añadir qué canción te gustaría tocar:

	ME GUSTARÍA INTENTARLO	Y TOCAR ESTA CANCIÓN
PIANO		
GUITARRA		
PERCUSIONES		
VIOLÍN		
SAXOFÓN		
CONTRABAJO		
CLARINETE		
TROMBÓN		
ARPA		
ARMÓNICA		

SANTO, «El enmascarado de plata»
LUCHADOR

(TULANCINGO, HIDALGO, 23 DE SEPTIEMBRE DE 1917 – CIUDAD DE MÉXICO, 5 DE FEBRERO DE 1984)

«¡Lucharáááán a dooos de treees caídas, sin límite de tiempo!». Rodolfo oía la frase con la que comenzaban los combates de lucha libre y se le enchinaba la piel. En ese entonces, la gente no lo conocía con el nombre de «Santo». Era un simple luchador que viajaba hasta doce horas para llegar a sus peleas. «Pasé hasta hambre» recordaba. «Llegaba yo a subir al ring mal alimentado, porque a veces comía y a veces, no».

Santo se inició a los 16 años como luchador en el bando de los «rudos», es decir, un luchador que hacía cosas prohibidas por el reglamento, como dar rodillazos y golpes bajos. Con el tiempo se fue haciendo más famoso; fue bautizado con el apodo de Santo y se cambió al bando de los «técnicos», los luchadores que respetan el reglamento.

Además, comenzó una carrera en el cine como un héroe que luchaba contra el mal. Hizo más de cincuenta películas, en las que peleaba contra todo tipo de personajes: ¡desde zombies hasta hombres lobo, mujeres vampiro e incluso Frankestein! Para 1952 se comenzó a imprimir una historieta sobre sus aventuras, llamada *Santo: el enmascarado de plata*, que llegó a vender ¡un millón de ejemplares cada semana!

En los 40 años que se subió al ring, jamás fue desenmascarado; nunca perdió una pelea que lo hiciera quitarse la máscara para revelar su verdadera identidad. ¡Todo un logro para un luchador!

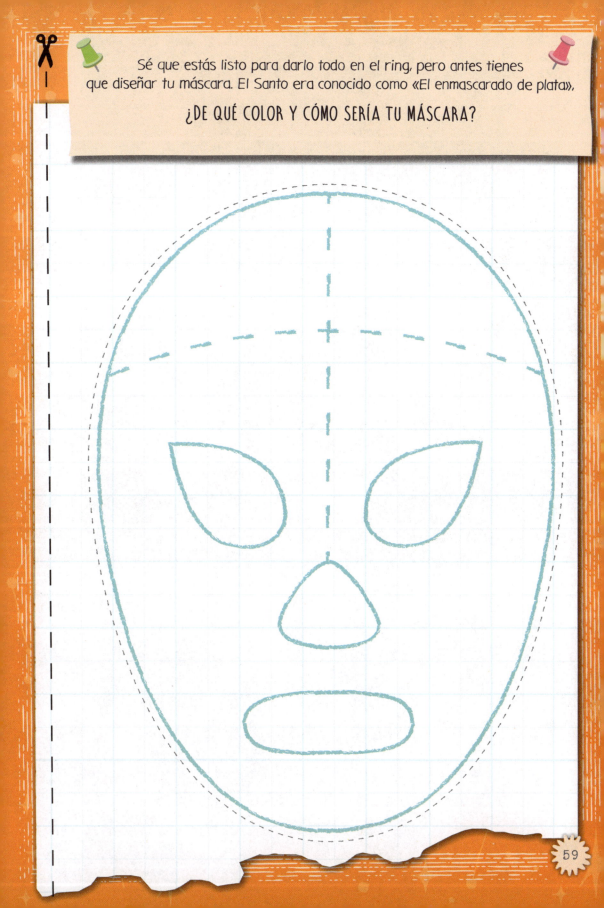

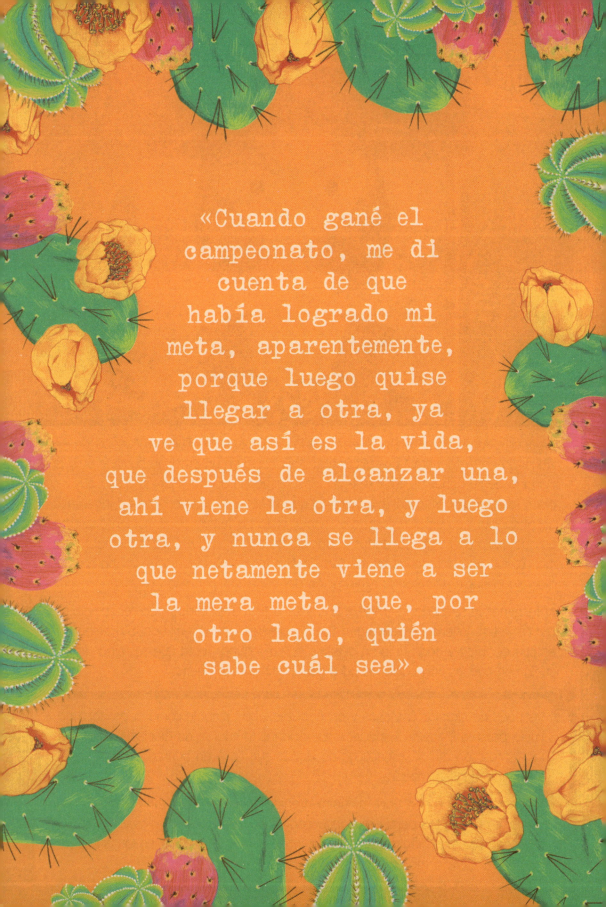

«Cuando gané el campeonato, me di cuenta de que había logrado mi meta, aparentemente, porque luego quise llegar a otra, ya ve que así es la vida, que después de alcanzar una, ahí viene la otra, y luego otra, y nunca se llega a lo que netamente viene a ser la mera meta, que, por otro lado, quién sabe cuál sea».

Dorothy Ruiz

INGENIERA AEROESPACIAL
(Laredo, Texas, Estados Unidos)

A pesar de que Dorothy nació en Estados Unidos, los primeros 16 años de su vida vivió en Matehuala, San Luis Potosí. Ahí creció en un entorno humilde bajo el cuidado de sus abuelos. En ese entonces, recuerda Dorothy, jamás creyó que en algún momento su vida daría un giro tal que la llevara a convertirse en ingeniera aeroespacial. Lo que sí recuerda es haber visto en televisión el momento exacto en que explotó el transbordador espacial Challenger, en 1986. «Ese momento me marcó, fue un parteaguas en mi vida. En ese momento decidí que yo iba a estudiar algo relacionado con la exploración del espacio», confesó Dorothy.

Al terminar la secundaria en México, emigró a Estados Unidos, pero el cambio no fue fácil. Los jóvenes estadunidenses le parecían de otro mundo. Sin embargo, estaba decidida y nada la iba a desviar de su camino. Tenía que terminar la escuela con buenas calificaciones para poder cumplir su sueño.

Después de algunos fracasos y aprendizajes, hoy trabaja como operadora de vuelo para la Estación Espacial Internacional, la cual le da dieciséis vueltas a la Tierra cada día, y se encarga de vigilar que esté en buenas condiciones y siguiendo la ruta trazada.

A pesar de vivir fuera, Dorothy ha mantenido un fuerte lazo con México al participar en proyectos para mejorar la vida de comunidades rurales y promover que cada vez más niñas mexicanas se interesen en el estudio, en las áreas de ingeniería, ciencia, matemáticas y tecnología.

¡Una escalera hacia tus sueños! Dorothy no dejó que nada se interpusiera entre ella y su sueño. ¿Cuál es el tuyo? ¿Cómo te gustaría cambiar el mundo? Haz una pequeña lista de cosas que tienes que hacer, conocer, estudiar o cambiar para acercarte a tu meta.

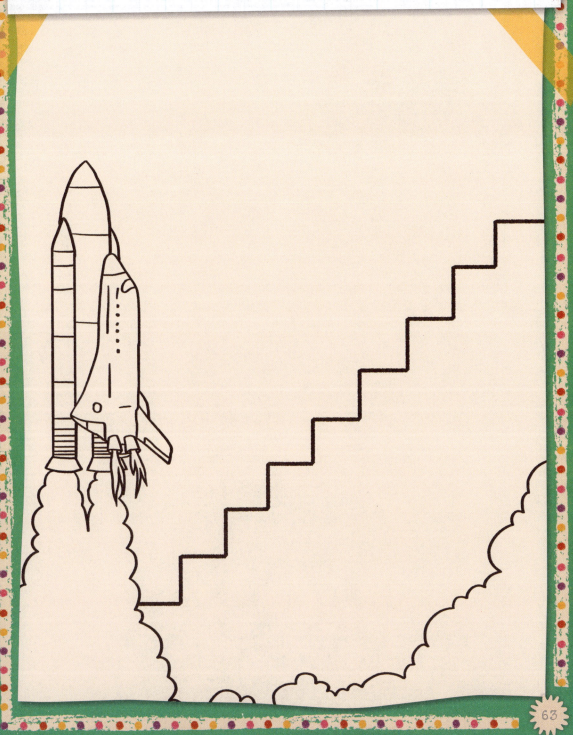

La abuela de Dorothy tuvo un papel fundamental en su camino. Ella siempre la impulsaba a seguir y dar más. ¿Quién es esa persona que siempre cree en ti? ¿Qué tal si le escribes una carta de agradecimiento para que vea lo importante que es en tu vida y tus metas?

ENRIQUE OLVERA

CHEF
(Ciudad de México, 1976)

«La cocina mexicana no es solamente algo que nos alimenta, sino algo que también nos enorgullece. Cuando como tacos, la boca se me llena de alegría», dice Enrique, quien recuerda el momento exacto en el que se dio cuenta de lo poderosa que puede llegar a ser la comida de México, cuando un día una señora le hizo una tortilla, la puso en el comal y comenzó a inflarse.

«Ahí me quedó claro lo simple y a la vez lo elegante y exquisita que es nuestra comida». Para Enrique, hay una especie de magia en transformar todos los ingredientes en algo completamente nuevo. Él cree que la cocina es un lugar muy exigente, con mucha presión, pero también donde puedes experimentar y mantener vivo el fuego de la tradición de un país con su comida.

Supo desde la secundaria que quería ser chef y tuvo la suerte de poder estudiar para serlo. Llegar a ser uno de los chefs más importantes y originales del mundo le tomó muchos años de práctica en la cocina, de buscar los ingredientes exactos, de comer y probar de todo, de servir platos y esperar la respuesta de los comensales y los críticos.

Enrique cree que uno nace cocinero. También que la clave es tener mucha disciplina, leer mucho acerca de las distintas comidas y los ingredientes, y viajar y buscar nuevas cosas que agregar a tus platillos. Confiar en ti si algo se te ocurre, ser auténtico. «Hacerlo y ya», como él mismo lo dice.

¡Todos a la cocina! Las posibilidades al combinar ingredientes son casi infinitas. Es momento de que imagines nuevas creaciones: piensa en un ingrediente que te guste muchísimo. A partir de eso, crea dos recetas en las que se combine de forma diferente.

RECETA #1, QUE LLAMARÉ:

CONFIDENCIAL ☐ PUEDO COMPARTIRLA ☐

INGREDIENTES:

MODO DE PREPARACIÓN:

RECETA #2, QUE LLAMARÉ: _____

CONFIDENCIAL ☐   PUEDO COMPARTIRLA ☐

INGREDIENTES:

MODO DE PREPARACIÓN:

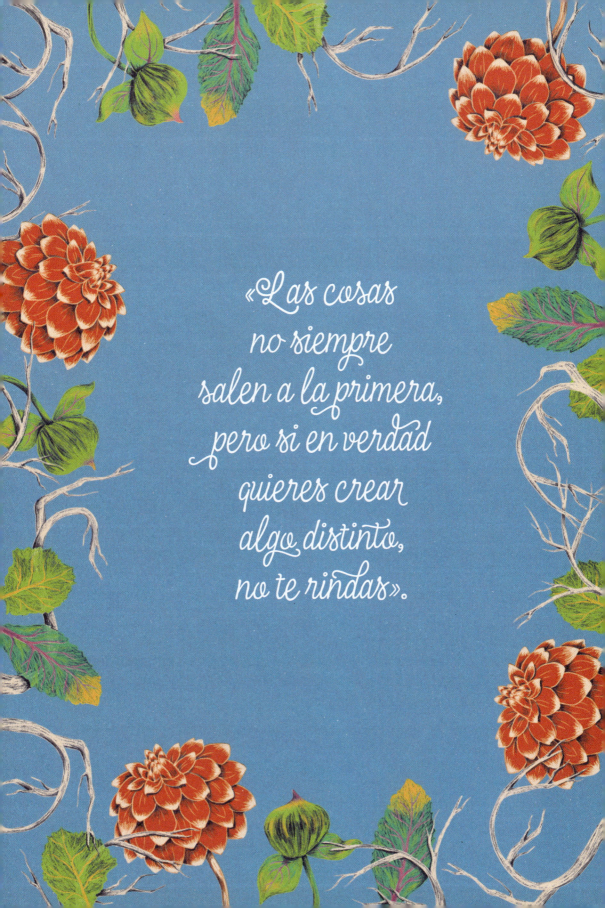

«Las cosas no siempre salen a la primera, pero si en verdad quieres crear algo distinto, no te rindas».

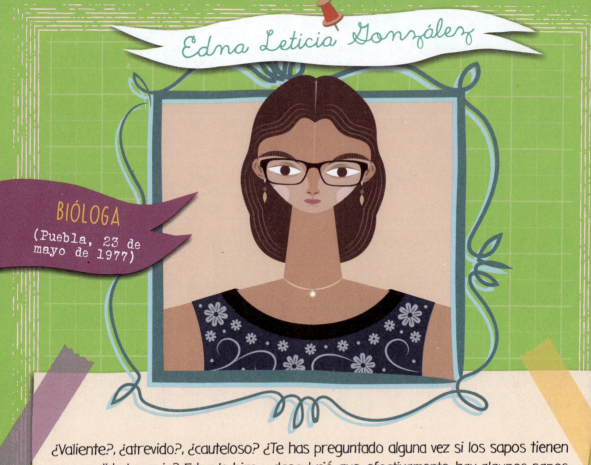

Edna Leticia González

BIÓLOGA
(Puebla, 23 de mayo de 1977)

¿Valiente?, ¿atrevido?, ¿cauteloso? ¿Te has preguntado alguna vez si los sapos tienen personalidad propia? Edna lo hizo y descubrió que, efectivamente, hay algunos sapos más lanzados que otros, que se atreven a hacer ciertas cosas que otros ni intentan.

Su pasión por entender y proteger a los animales y la naturaleza comenzó desde muy chica. Había pocas cosas que le gustaran más que despertar los domingos a su papá para que la llevara al Museo de Historia Natural en Puebla, su ciudad natal. «Todos los domingos quería ir, ¡aunque me lo sabía de memoria!», cuenta Edna. Quería acercarse a la biología, a los animales, entender el mundo desde la ciencia.

Después de estudiar mucho, Edna se convirtió en bióloga. Pasó algunas temporadas estudiando en Chile y Australia (¡donde descubrió que los sapos tienen distintas personalidades!). Esas experiencias la convencieron de regresar a México para dedicarse a la conservación de especies.

En Oaxaca, ella y su equipo descubrieron en 2016 una nueva especie de rana, a la que nombraron «La Esperanza», en honor al lugar donde la encontraron y a los esfuerzos de muchas personas de esa comunidad por protegerla. «La llamamos así como reconocimiento a la comunidad y como un mensaje de esperanza porque, a pesar de que se extinguen muchos anfibios en el mundo, siempre tenemos la esperanza de encontrar nuevas especies y conservarlas», dijo.

Para la biología, la observación es una herramienta clave y Edna lo sabe bien. Antes de aventurarte a investigar y observar algún animal, empecemos por algo más pequeño. ¡Vamos a germinar un frijol! En un frasco de vidrio coloca una semilla de frijol envuelta en un algodón húmedo. Si el espacio es amplio, puedes poner más de una. Ten cuidado para que no ahogues tu semilla, tiene que ser poquita agua. Coloca el frasco cerca de una ventana para que pueda recibir la luz del sol.

Con cinta adhesiva o papel, anota en el frasco la fecha en que empezó tu proyecto.

¡REGISTRA TUS OBSERVACIONES!

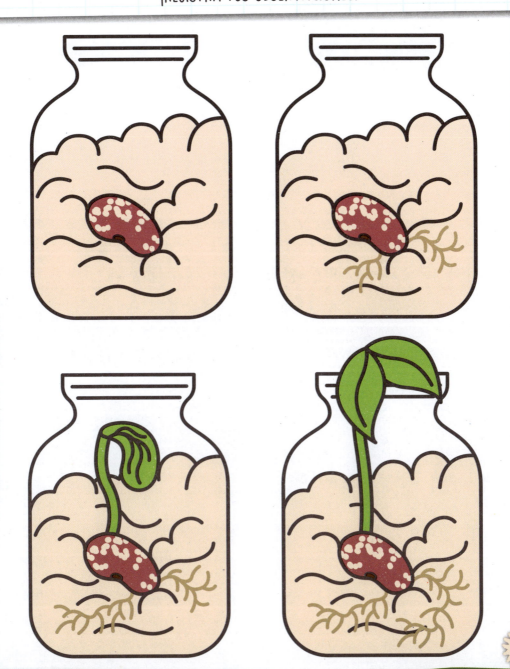

DÍA #1	DÍA #2	DÍA #3

DÍA #4	DÍA #5	DÍA #6

DÍA #7	DÍA #8	DÍA #9

DÍA #10	NOTAS	NOTAS

¿SABÍAS QUE EL NOMBRE CIENTÍFICO DE LA RANA «LA ESPERANZA» ES *CHARADRAHYLA ESPERANCENSIS* Y, A DIFERENCIA DE OTRAS ESPECIES, LE GUSTA RECORRER LARGAS DISTANCIAS, POR LO QUE ES MUY IMPORTANTE CUIDAR EXTENSIONES DE LOS GRANDES BOSQUES EN LOS QUE HABITA?

FERNANDO VALENZUELA

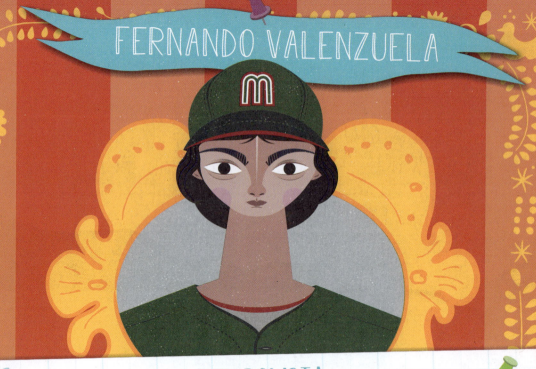

BEISBOLISTA
(ETCHOHUAQUILA, SONORA, 1 DE NOVIEMBRE DE 1960)

En Etchohuaquila, donde nació Fernando, el deporte favorito es el beisbol. El hijo más chico de una familia de doce comenzó a jugarlo desde muy pequeño. Al principio lo ponían en el jardín derecho, una posición en la que realmente no jugaba mucho.

Un día que su equipo iba perdiendo, sus hermanos decidieron darle una oportunidad. Entonces subió al montículo del lanzador por primera vez y lo hizo increíblemente bien, así que se convirtió en el pitcher oficial del equipo.

No había nada que le gustara más que lanzar y «ponchar» a sus adversarios. A los 15 años dejó su hogar y a los 17 comenzó su carrera profesional. Después de jugar con varios equipos en México, el sueño de Fernando —a quien apodan «El Toro»— se hizo realidad y llegó a uno de los grandes equipos de las Ligas Mayores: los Dodgers de Los Ángeles.

Fue todo un fenómeno. La «fernandomanía» nació en 1981 cuando, a los 20 años, se convirtió en el primer jugador en llevarse en un año los dos reconocimientos más importantes del mundo del beisbol. Además, fue el primer pitcher mexicano en ganar una Serie Mundial.

Fernando aprovechó su fama para ayudar a que los niños no dejen la escuela. «Ese fue mi mejor lanzamiento», dijo.

En su honor, la Liga Mexicana retiró en 2019 el número 34 que usaba el Toro. Nadie, más que él, podrá volver a usar ese número en su uniforme.

Es hora de entrenar para convertirte en el nuevo Toro de Etchohuaquila.

El beisbol es un deporte de habilidad, estrategia y velocidad. Entonces, vamos a poner a prueba tus piernas. Con ayuda de un adulto, establece una meta a cinco metros de distancia. Pídele que tome tu tiempo para saber qué tan rápido corres. ¡Ey, no olvides calentar tus músculos antes de correr!

INTENTO 1. _____

INTENTO 2. _____

INTENTO 3. _____

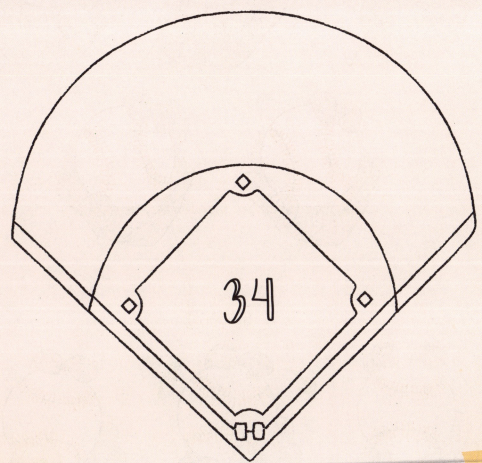

¿QUÉ TANTO SABES SOBRE EL TRABAJO DE UN *PITCHER*?

¡La distancia entre el montículo y la base de home es de 18.4 metros! El objetivo de un *pitcher* es sacar al jugador del equipo contrario desde el inicio de la entrada, por eso tiene la posición número 1. Los *pitchers* pueden tener hasta doce opciones de lanzamiento.

BOLA RECTA CUATRO COSTURAS O BOLA RÁPIDA

Es uno de los lanzamientos más comunes. Este lanzamiento se llama así porque las cuatro costuras de la pelota giran paralelas hacia el bateador.

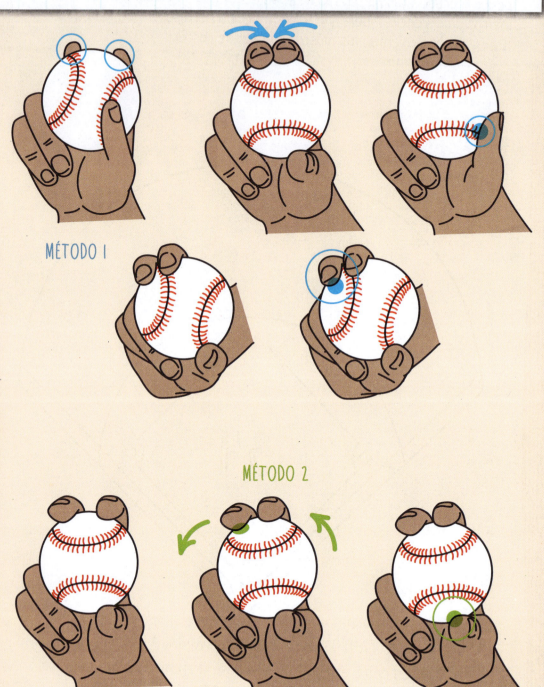

MÉTODO 1

MÉTODO 2

La bola sale de los dedos índice y medio y rota de abajo hacia arriba.

BOLA CURVA

Este es un lanzamiento que sirve como un as bajo la manga. La pelota rota de arriba hacia abajo y se lanza con la muñeca torcida con el pulgar arriba.

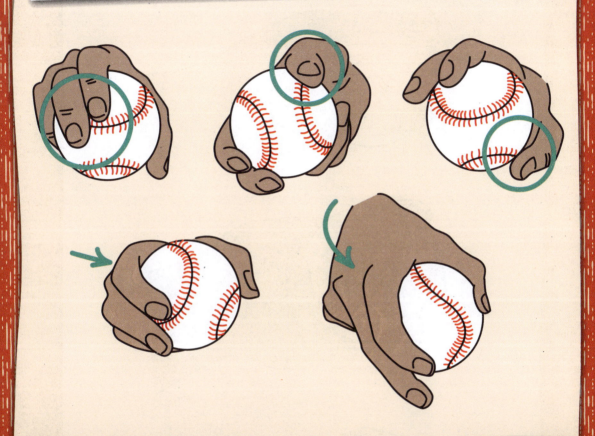

La muñeca ladeada, de forma que el pulgar quede arriba. Cuando el brazo desciende, la bola rueda por el borde del índice causando un efecto hacia abajo.

CAMBIO DE VELOCIDAD

Otro lanzamiento que suele tomar por sorpresa al bateador. Este movimiento pareciera ser una bola recta pero de momento baja la intensidad.

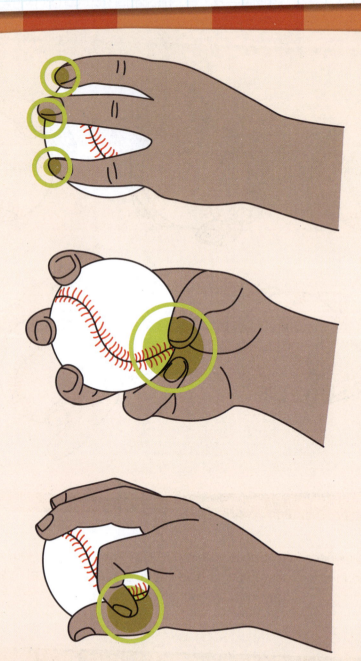

«Nunca creí
llegar tan pronto
a donde llegué.
Lo que sí trataba de
hacer siempre era
superarme
cada vez más».

Elsa Ávila

ALPINISTA
(Ciudad de México, 11 de noviembre de 1967)

Elsa tenía 15 años cuando comenzó a escalar paredes de roca. Desde la primera vez, sintió que su cuerpo era «poesía en movimiento». Así que, poco después, le dijo a su mamá que quería escalar montañas. «Ahí comenzaron los obstáculos», cuenta divertida. «El primero fue mi mamá».

De hecho, no fue solo ella la que inicialmente estuvo en contra de la decisión. Mucha gente le dijo que las mujeres debían dedicarse a otros deportes. Elsa pensaba que, si la idea de subir montañas estaba en su cabeza, era posible hacerlo: «Ser mujer no me impide cargar cosas pesadas, fijar una cuerda o afinar mi piolet». Y así fue.

En su carrera como alpinista, Elsa rompió muchos récords. En 1987 fue la primera latinoamericana en subir una montaña de más de ocho mil metros y, en 1999, la primera en completar el ascenso al monte Everest, la montaña más alta del mundo. Logró también el primer ascenso femenino a la Aguja Poincenot, en la Patagonia. El esfuerzo y la perseverancia han sido lo más importante para alcanzar sus metas.

En 2002 comenzó a tener problemas de salud. En ese momento, decidió que viviría con intensidad y llena de alegría. Algunos años después, Elsa escaló el Pico de Orizaba, la montaña más alta de México, para dejar testimonio de que podemos subir cualquier montaña, conseguir cualquier objetivo, aun en situaciones adversas.

«Para mí,
vivir intensamente
significa entregarme
en cada momento,
despertarme y
sentir que respiro.
Y, ese respiro,
compartirlo».

Elsa ha conquistado muchísimas montañas alrededor del globo terráqueo. ¿Puedes ubicar estas montañas en el mundo?

1. MONTE EVEREST (FRONTERA ENTRE NEPAL Y CHINA)
2. PICO PIKES (COLORADO, EUA)
3. BREITHORN (SUIZA)
4. EL CAPITAN (YOSEMITE, EUA)
5. TOFANA DI ROZES (ITALIA)
6. SHISHA PANGMA (CHINA)
7. CORDILLERA DE LOS ANDES (AMÉRICA DEL SUR)
8. MONTE FUJI (JAPÓN)
9. KILIMANJARO (TANZANIA)
10. PICO DE ORIZABA (MÉXICO)

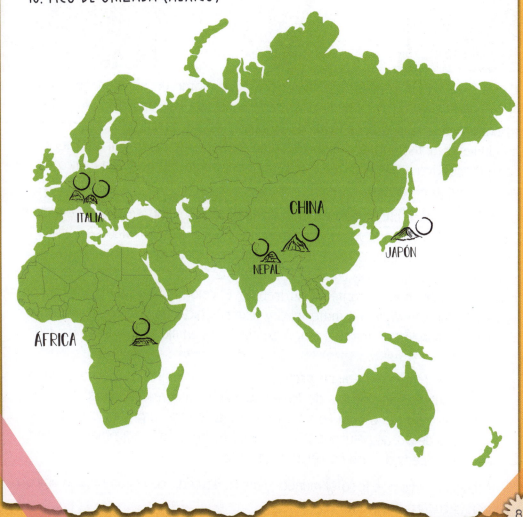

Francisco Toledo

ARTISTA PLÁSTICO
(JUCHITÁN, OAXACA, 17 DE JULIO DE 1940 – OAXACA, OAXACA 5 DE SEPTIEMBRE DE 2019)

A Francisco ya no le quedaban más muros que pintar en su casa, pero, en vez de regañarlo, su papá le festejaba esa creatividad. Por eso decidió enviarlo a estudiar arte a la ciudad de Oaxaca. Ahí descubrió libros maravillosos, con reproducciones de artistas internacionales como Picasso, y de los muralistas mexicanos, como Diego Rivera y Rufino Tamayo. «Eso me impactó mucho y me marcó de por vida», confesó Francisco.

Después de pasar unos años en Oaxaca, llegó a la Ciudad de México, donde encontró galerías, museos y una impresionante ciudad que lo invitaba a caminarla y recorrerla entera. A los 19 años tuvo su primera exposición y de ahí se fue a probar suerte a París, donde conoció a grandes artistas e intelectuales, que tuvieron una influencia importante en su trabajo. El color, la fuerza y la valentía para experimentar con distintos materiales y texturas hicieron que comenzara a destacar en el mundo del arte y a tener exposiciones en muchos lugares del mundo.

Francisco fomentó siempre proyectos de rescate y renacimiento cultural de los pueblos originarios de México, particularmente de Oaxaca. Por ello fundó la Casa de la Cultura de Juchitán y extendió su proyecto cultural a la ciudad de Oaxaca. Muchos jóvenes artistas hacen ahí su primera parada, en la búsqueda de una carrera en las artes.

Francisco viajó por todo el mundo, siempre llevando con él un orgullo único por la cultura mexicana.

Francisco Toledo creó muchos animales fantásticos. Pinta o dibuja uno de tu propia inspiración. ¿Cómo se llama? ¿Qué características o superpoderes tiene? Recuerda experimentar con colores, texturas y formas, al estilo de Toledo.

«El talento es, en buena medida, una cuestión de insistencia».

ELVIA CARRILLO

ACTIVISTA
(Motul, Yucatán, 30 de enero de 1881 - Ciudad de México, 15 de abril de 1968)

Elvia nació en una familia grande y a los 6 años comenzó a asistir a la escuela. Ahí tomaba clases con niños mayas que no hablaban español. Elvia se dio cuenta de la discriminación de la cual eran objeto sus compañeros y fue descubriendo una vocecita dentro de sí que la llamaba a luchar para que todas las personas fueran tratadas de la misma manera, sin importar su origen.

En su escuela comenzó a leer sobre los derechos de las mujeres. Quería ser una mujer libre e independiente de sus padres, así que dejó la casa familiar y buscó un trabajo como maestra. Daba clases de mecanografía a chicas indígenas y les enseñaba también la Constitución mexicana en lengua maya.

En plena Revolución, creó la primera organización feminista campesina, porque en ese momento se pensaba que solo los hombres podían administrar y trabajar la tierra. Luego fundó varios grupos de mujeres, las Ligas de Resistencia Feminista, que trabajaron por todo el país y enfrentaron fuertes críticas por buscar el derecho al voto, a la educación y a decidir libremente. Gracias a la lucha de Elvia, y de muchas feministas más, en 1953 se reconoció en México el derecho de las mujeres al sufragio universal.

Elvia fue una activista incansable. ¿Te imaginas cómo era platicar con ella? Es 1950 y te acabas de unir a la lucha para que a la mujer se le otorgue el voto. Tu primera tarea es crear un cartel para que la gente entienda la importancia de la igualdad de género.

«No reprochamos a los hombres el alejamiento en que nos han tenido, todo es consecuencia de prejuicios rancios, y de los viejos moldes en que nuestras costumbres se forjaron, pero es tiempo de que ya exijamos a los hombres que experimenten nuevos métodos».

Gilberto Bosques Saldívar

Periodista y diplomático
(Chiautla de Tapia, Puebla, 20 de julio de 1892 – 4 de julio de 1995)

«No fui yo, fue México», decía Gilberto Bosques cuando le preguntaban sobre su papel para que miles de refugiados de la Guerra Civil española y perseguidos del nazismo salieran de Europa durante la Segunda Guerra Mundial con visas mexicanas.

Gilberto había llegado a tierras francesas para estudiar el modelo educativo, pero una vez que Francia cayó en manos del nazismo, la crisis humanitaria lo llevó a tomar otro camino. Había tantos refugiados y perseguidos que, junto con otros diplomáticos, alquiló dos castillos —el de Reynarde y el de Montgrand— para convertirlos en centros de acogida mientras se arreglaba su salida hacia México. Se calcula que en los dos castillos fueron recibidas casi mil cuatrocientas personas. ¡Hay quienes dicen que, en total, sus acciones lograron salvar de una muerte segura a más de cuarenta mil personas!

Cuando regresó a México en 1944 —después de que él mismo y su familia fueran retenidos por el régimen nazi durante un año—, lo esperaban para recibirlo como héroe cientos de personas en la estación de trenes en la Ciudad de México. Muchas de ellas habían sido salvadas por el trabajo de «Don Gilberto». Quienes lo conocieron en el transcurso de su larga vida lo recuerdan como una persona sencilla y con una vocación de ayuda hacia los más desprotegidos.

Gilberto Bosques ha sido reconocido por gobiernos y organizaciones de defensa de los derechos humanos de todo el mundo.

Gilberto logró salvar miles de vidas de las atrocidades de la guerra, ayudándoles a encontrar un nuevo hogar en México, sin importar que eso pusiera en peligro su vida. Ahora el gobierno nacional llevará a cabo un homenaje para Gilberto y serás seleccionado para hablar sobre la importancia de vivir con empatía y solidaridad hacia nuestro prójimo. Escribe tu discurso aquí.

Y si fueras a recibir un premio, ¿por qué crees que sería? Los cambios en el mundo están llenos de pequeñas y grandes acciones, ¿qué podrías aportar para mejorar alguna situación o problema?

Me gustaría poder...
....
....
....

REFUGIADO

Frida Kahlo

Pintora

(Ciudad de México, 6 de julio de 1907 - 13 de julio de 1954)

Frida nació en una hermosa casa azul en el corazón de Coyoacán. Cuando tenía seis años, se enfermó de poliomielitis, lo que la obligó a estar nueve meses en cama. Sin embargo, animada por su papá, comenzó su rehabilitación; era una niña tan activa que, al poco tiempo, ya estaba jugando futbol y practicando boxeo, deportes poco usuales para una niña en la sociedad mexicana de esos tiempos. Era muy cercana a su padre, que era fotógrafo y le enseñó a usar la cámara.

En ese entonces, Frida no se imaginaba que algún día llegaría a ser una de las pintoras más importantes del siglo XX. De hecho, la pintura ni siquiera era algo que le interesara demasiado. Quería ser doctora, así que a los 15 años ingresó a la Escuela Nacional Preparatoria. A los 18 sufrió un terrible accidente en un autobús, que la llevó a estar en cama durante largos periodos y ahí, totalmente recostada, comenzó a pintar.

Sus cuadros eran poderosos, coloridos y originales. Un día se los mostró a Diego Rivera, un famoso pintor que la animó a seguir. Años después se casaron y recorrieron el mundo trabajando y exponiendo sus obras. Frida se convirtió en la primera artista mexicana en formar parte de la colección del prestigioso Museo de Louvre, en París.

Pintó unos doscientos cuadros y se volvió una de las más célebres artistas del siglo pasado. Hoy todavía puedes ir a Coyoacán y visitar la casa en donde vivió.

FRIDA ERA UNA APASIONADA DE LA VIDA Y ESTO LO REFLEJABA EN SUS PINTURAS. SI TUVIERAS QUE PINTAR UN AUTORRETRATO, ¿CÓMO SALDRÍAS?, ¿QUÉ EXPRESIÓN TENDRÍAS?, ¿HABRÍA ALGUIEN O ALGO JUNTO A TI?

«Pies, para qué los quiero, si tengo alas para volar».

GILBERTO RINCÓN GALLARDO

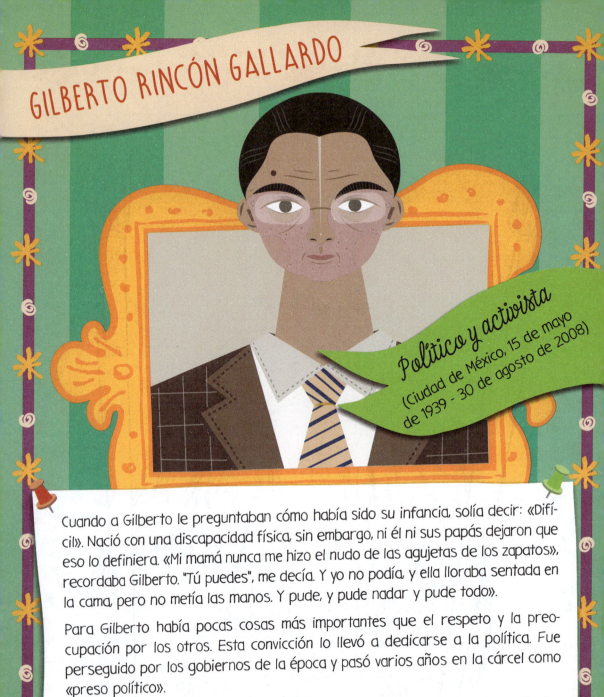

Político y activista
(Ciudad de México, 15 de mayo de 1939 - 30 de agosto de 2008)

Cuando a Gilberto le preguntaban cómo había sido su infancia, solía decir: «Difícil». Nació con una discapacidad física, sin embargo, ni él ni sus papás dejaron que eso lo definiera. «Mi mamá nunca me hizo el nudo de las agujetas de los zapatos», recordaba Gilberto. "Tú puedes", me decía. Y yo no podía, y ella lloraba sentada en la cama, pero no metía las manos. Y pude, y pude nadar y pude todo».

Para Gilberto había pocas cosas más importantes que el respeto y la preocupación por los otros. Esta convicción lo llevó a dedicarse a la política. Fue perseguido por los gobiernos de la época y pasó varios años en la cárcel como «preso político».

En el año 2000 compitió por la presidencia de la República. En su campaña fue capaz de unir y ganarse el apoyo de muchos jóvenes y de distintos grupos discriminados en el país. Con este esfuerzo, gente muy distinta se dio cuenta de que tenía muchas cosas en común por las que luchar.

Gilberto no ganó la presidencia, pero su compromiso, inteligencia y valentía rindieron frutos, ya que se crearon leyes y programas para prevenir y eliminar la discriminación. También es considerado el «padre» de la Convención sobre los Derechos de las Personas con Discapacidad de la ONU.

Usa estas páginas para redactar tu entrevista.

¡ENTREVISTA A LA PERSONA MÁS VALIENTE QUE CONOZCO!

_____ es valiente porque _____

Tiene toda mi admiración porque _____

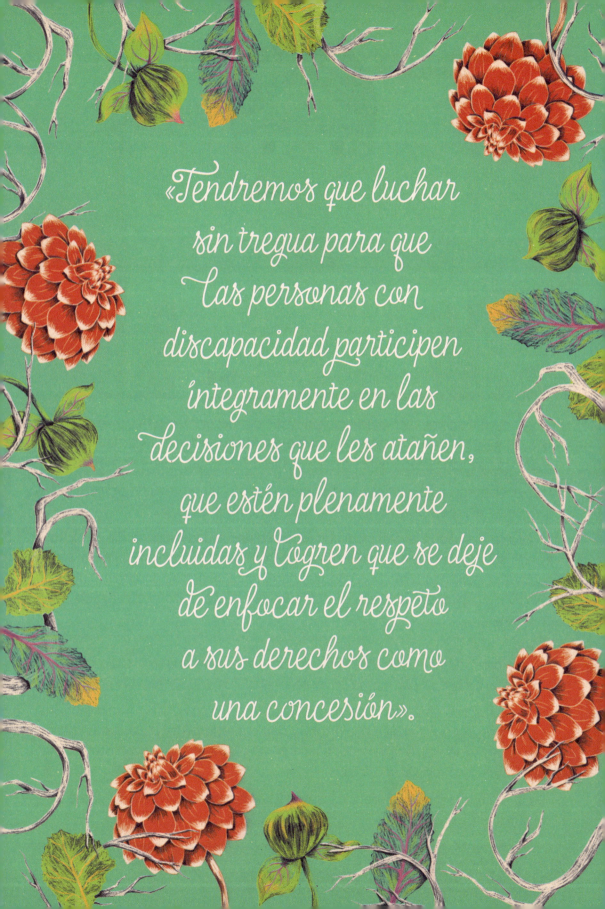

«Tendremos que luchar sin tregua para que las personas con discapacidad participen íntegramente en las decisiones que les atañen, que estén plenamente incluidas y logren que se deje de enfocar el respeto a sus derechos como una concesión».

GALIA MOSS

VELERISTA
(Ciudad de México, 11 de octubre de 1974)

¿Cómo será estar en medio del mar sin nadie alrededor? Galia no lo sabía, no se lo imaginaba, pero algo le decía que tenía que averiguarlo, ¡era mucha su curiosidad! Pasaron varios años antes de que pudiera responder esta pregunta.

Algún tiempo después, cuando tenía 24, se subió a un velero por primera vez y, aunque no estaba sola, vivir un mes en el mar le cambió la vida.

Al bajarse del velero, leyó la biografía de una estadunidense que le dio la vuelta al mundo sola en un velero y se cuestionó: «¿Podré hacerlo también?». Pensó que sí, nadie nace sabiendo cómo hacer lo que hace, todos podemos aprenderlo. Así que decidió eso: aprender a velear en solitario. «Algún día cruzaré el Atlántico sola», se prometió.

Leyó y aprendió de todo, desde cómo curarse sola hasta arreglar cualquier descompostura y dormir por lapsos de veinte minutos. Tenía que estar muy preparada.

El día que zarpó en solitario de Vigo, en España, rumbo a México, no solo cumplía su sueño, sino que también había convencido a mucha gente para que apoyara una causa social. Así, después de 41 días de viaje, su aventura se transformó en 688 casas para familias mexicanas.

Galia se convirtió en la primera mexicana y latinoamericana en cruzar el océano Atlántico en solitario.

Estás a punto de emprender un viaje con el que cruzarás el océano. Son 41 días de adrenalina, disciplina, incertidumbre, esperanza; 41 días en los que el único paisaje, por mucho rato, serán el cielo y el mar combinándose.

ESTÁS PREPARANDO LOS ÚLTIMOS DETALLES DE TU MALETA, ¿CUÁLES SON TUS CINCO ARTÍCULOS INDISPENSABLES PARA ESTE VIAJE?

1. _____
2. _____
3. _____
4. _____
5. _____

¡VA UN CONSEJO!
NO OLVIDES EMPACAR UN
BOTIQUÍN DE PRIMEROS AUXILIOS.

AHORA, ¿CUÁL SERÍA LA RUTA QUE QUISIERAS RECORRER? TRÁZALA AQUÍ ABAJO:

OCÉANO ÁRTICO

YUKÓN
RÍO MACKENZIE
COLORADO
MISSISSIPPI
RÍO GRANDE

OCÉANO ATLÁNTICO

OCÉANO PACÍFICO

AMAZONAS
PARANÁ

RÍO OBI LENA
VOLGA RÍO AMUR
DANUBIO
RÍO AMARILLO
GANGES YANGTSÉ
NILO
RÍO NÍGER RÍO MEKONG

RÍO CONGO

OCÉANO
ÍNDICO

OCÉANO
ANTÁRTICO

«Vivimos en un universo lleno de vida que todos compartimos. Es [labor] de cada uno cuidarlo y saber que, si se hace algo positivo, no se está haciendo nada más por uno, se está haciendo por todos, por este ciclo perfecto que tiene el universo».

GUILLERMO DEL TORO
Productor y director

(GUADALAJARA, JALISCO, 9 DE OCTUBRE DE 1964)

Monstruos, seres fantásticos y fantasmagóricos han salido de la imaginación de Guillermo desde niño. Con el tiempo, aquellos personajes maravillosos se volvieron sus amigos. Pasaba mucho tiempo solo, leyendo, dibujando y, como él dice, «devorando imágenes horrorosas» que le fascinaban. Uno de sus lugares favoritos era la biblioteca de sus padres.

Años más tarde, su papá le propuso trabajar con él en el negocio familiar, pero lo que él quería era dibujar, modelar monstruos con plastilina y grabarlos, así que a los 13 años filmó su primera historia. Sus papás apoyaban su vocación a tal grado que ¡su mamá fue la protagonista de más de una de sus primeras grabaciones!

Desde entonces no ha dejado de imaginar personajes e historias maravillosas. Con ellas se ha convertido en uno de los directores de cine más reconocidos de México y el mundo. Guillermo dice: «Nunca he hecho una película para ganar un Óscar, ser nominado o lograr un éxito de taquilla. Siempre hago las películas que quiero por las razones que quiera hacerlas».

Además, ha aprovechado su popularidad para defender los derechos de los mexicanos que, por condiciones de pobreza y falta de oportunidades, han migrado a Estados Unidos.

¡La imaginación es increíble y es infinita!
No solo tiene el poder de llevarnos a otros lugares,
sino que también nos permite crear nuevos personajes.

Hay muchas formas de expresar lo que sentimos, pensamos e imaginamos, y en este ejercicio lo haremos a través de dibujos. Te dejo dos personajes, escalofriantes, para que colorees. Además, encontrarás una última página en blanco para que ahí dibujes a tu propio personaje. Ya que los tengas listos, recorta siguiendo las líneas punteadas y haz todas las historias que quieras.

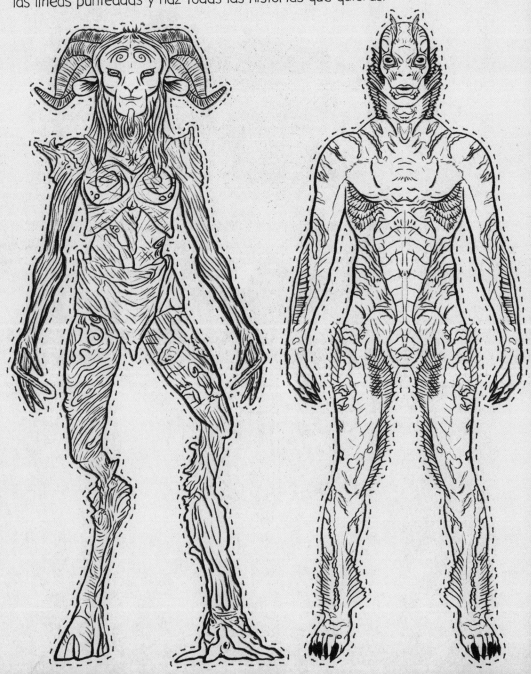

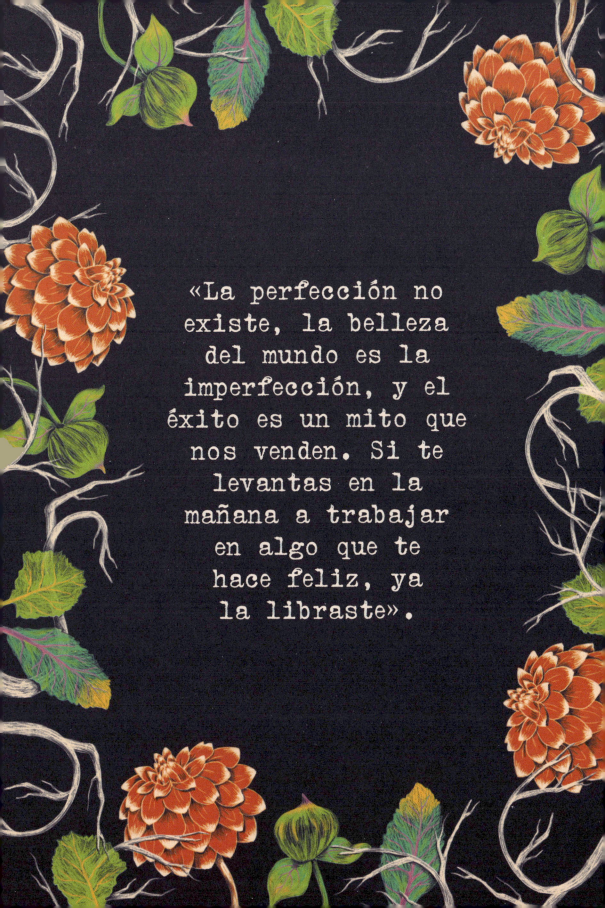

«La perfección no existe, la belleza del mundo es la imperfección, y el éxito es un mito que nos venden. Si te levantas en la mañana a trabajar en algo que te hace feliz, ya la libraste».

GRACIELA ITURBIDE

FOTÓGRAFA
(CIUDAD DE MÉXICO, 16 DE MAYO DE 1942)

A Graciela le gustaban las fotografías desde niña. Era tanta su fascinación que solía abrir un armario en el que su padre, fotógrafo aficionado, las guardaba para «robar» algunas, como ella misma recuerda entre risas.

A los 11 años le regalaron su primera cámara y comenzó a tomar fotos, aunque en ese entonces todavía no le pasaba por la cabeza que una mujer pudiera dedicarse a la fotografía. De hecho, quería ser escritora. Además, su familia era muy conservadora y esperaba que Graciela simplemente se casara y se dedicara a cuidar de su esposo e hijos. Así lo hizo un tiempo, pero su curiosidad era imparable, así que entró a la escuela para estudiar cine.

Ahí conoció a Manuel Álvarez Bravo, un fotógrafo mexicano muy reconocido. «Me ofreció ser su achichincle», recuerda, «y yo acepté encantada». Ahí comenzó una vida de extraordinarias aventuras con la cámara, que para ella «es un pretexto para conocer el mundo y sus culturas, y en especial la de mi país».

Se interesó en retratar la vida de comunidades indígenas mexicanas, como los juchitecos en Oaxaca y el pueblo seri, un grupo de pescadores nómadas de Sonora. Para tomar sus fotos, participa respetuosamente de sus costumbres y rituales, pasa tiempo con ellos, los observa y después, siempre con cámara en mano, captura un poco de la esencia y vida diaria de las comunidades. Al terminar, vuelve con ellos para exponer su trabajo y regresarlo al lugar de donde salió.

Graciela ha fotografiado por todo el mundo. ¡Todo! Desde los pueblitos en Oaxaca, con sus fiestas típicas, hasta las calles de Nepal con sus anuncios. ¿Qué es lo más hermoso y característico de tu comunidad? ¿Es una fiesta? ¿Un paisaje o un templo? Quizá sean los mismos habitantes. Acompañado por un adulto, haz una expedición y fotografía lo que más te guste.

Ahora pega algunas fotos aquí y agrega una breve descripción.

GUILLERMO GONZÁLEZ CAMARENA
INVENTOR

(Guadalajara, Jalisco, 17 de febrero de 1917 - Amozoc, Puebla, 18 de abril de 1965)

A Guillermo le encantaban los cables y circuitos desde muy chico. Cuando tenía apenas 12 años, inventó su primer radiotransmisor, un aparato que envía y recibe ondas electromagnéticas que pueden contener información, como lo que escuchamos en la radio cuando sintonizamos nuestra estación favorita.

A los 13 se inscribió en la Escuela de Ingenieros Mecánicos y Electricistas, y comenzó a trabajar como asistente de operador en una estación radiofónica. Pero lo que más le gustaba era inventar y armar nuevos aparatos, para lo que solía recorrer mercados de todo tipo buscando piezas que le pudieran servir para sus inventos. Así, cuando tenía 15 años, fabricó ¡su primera cámara de televisión hecha de pedazos de cámaras y radios descompuestos!

A los 17 años decidió que quería transmitir imágenes ¡a color! Después de muchos ensayos y errores, transmitió desde su casa las primeras imágenes a color. La tecnología creada por él —el sistema tricromático secuencial de campos (STSC)— fue utilizada en todo el mundo y, unos años más tarde, ¡fabricó todo el equipo de la primera estación de televisión en México!

Guillermo quería que la televisión se usara no solo para entretener a la gente, sino también para sembrar en los niños y jóvenes la semilla de la curiosidad, la creatividad y la cultura.

Hoy día es de lo más normal ver tus programas favoritos a todo color, pero hubo un momento en el que no fue así. ¿A tu mamá, abuelo o papá le tocó ver la televisión en blanco y negro? ¿Alguna vez te has puesto a pensar de dónde salen los colores?

Hay tres colores primarios; estos no se pueden obtener con la mezcla de otros colores y son rojo, amarillo y azul. ¿Sabes qué colores dan cuando se combinan? Inténtalo en este diagrama.

PRIMARIOS
- AMARILLO
- ROJO
- AZUL

SECUNDARIOS
- VERDE
- NARANJA
- MORADO

«Inventar es ver lo que todos han visto y pensar lo que nadie ha pensado».

Julieta Fierro Gossman

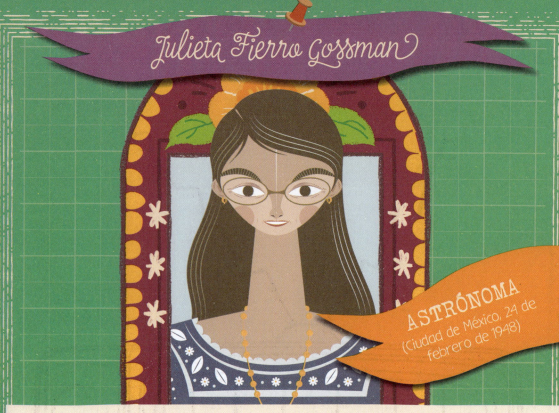

ASTRÓNOMA
(Ciudad de México, 24 de febrero de 1948)

Para Julieta hay pocas cosas tan importantes en este mundo como la ciencia. Para ella, ser científica es fantástico: «Todos los días te despiertas y tienes ideas, y te preguntas ¿qué voy a hacer hoy?». No siempre fue así. De niña pensaba que quizá iba a ser cirquera y mamá de doce hijos. Ya en el colegio fue cambiando de idea, porque descubrió que era muy buena para las matemáticas.

Pero ¿cómo llegó a convertirse en una astrofísica dedicada a estudiar el origen y la evolución de los astros? Ella suele destacar dos momentos que la marcaron para seguir ese camino. El primero, cuando su papá la despertó una madrugada para ver el paso de un cometa por su ventana. El segundo, tras encontrar en un libro una ilustración de dos galaxias chocando, ¡lo más impactante que había visto en su vida!

Su entrada a la universidad coincidió con el surgimiento de los importantes movimientos de estudiantes que, en México y el mundo, buscaban mayor libertad, así que participó para obtener la suya, para poder estudiar y trabajar fuera de casa. «Era la época del amor y paz, y eso marcó mi trayectoria, porque yo siempre he sido una mujer que ha luchado por lo que quiere hacer, aunque sea una necedad», dice Julieta.

Es una de las grandes divulgadoras científicas de México y ha acercado, con su alegría y pasión, a muchas personas al maravilloso mundo del conocimiento.

Todas las culturas de la antigüedad dividieron el cielo en regiones e inventaron sus propias constelaciones. ¿Qué son las constelaciones? Son grupos de estrellas que forman figuras. Y a estas figuras se les han asignado nombres para que puedan usarse como guías, como mapas trazados en el cielo. Las más conocidas son las griegas, pero ha habido muchísimas, como las chinas, mayas, finlandesas o egipcias.

Para trazar tus propias constelaciones, observa el cielo estrellado con detenimiento. ¿Qué figuras puedes ver? ¿Se parecen a alguna que ya conozcas? Tal vez alguien te pueda contar más sobre ellas. Te dejo dos como ejemplo: Orión, el cazador griego, y Aak, la tortuga maya:

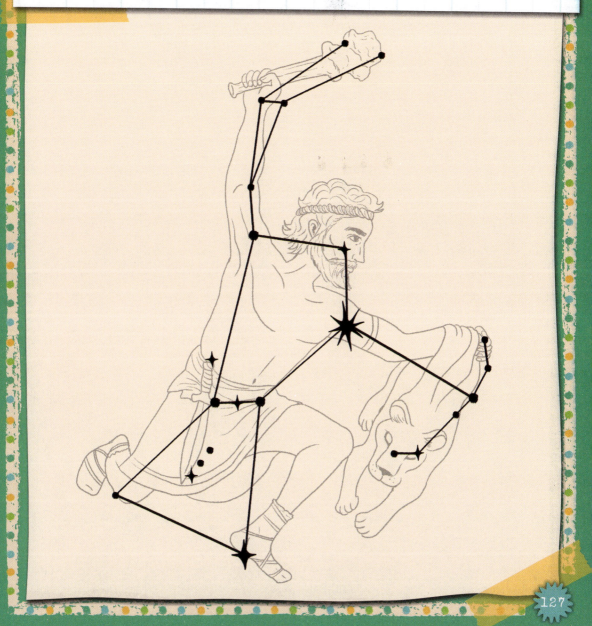

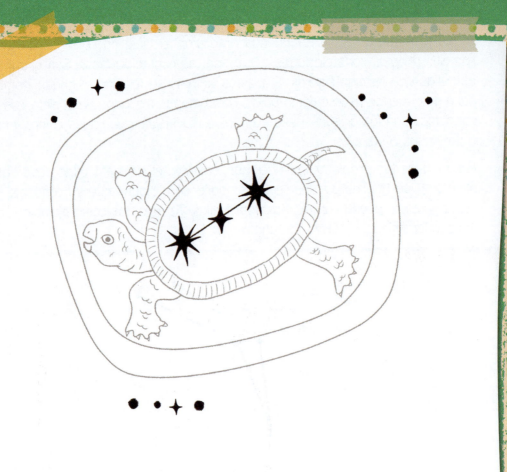

«Para ser científica se necesita tener curiosidad y liberarse un poco de los prejuicios. Los investigadores le hacemos preguntas a la naturaleza».

Horacio Franco

MÚSICO
(Ciudad de México, 11 de octubre de 1963)

Horacio nunca había tocado un instrumento en su vida, hasta que a los 11 años cayó en sus manos una flauta. La tomó y comenzó a jugar con ella, a experimentar con las notas y sus sonidos. Unos días después, una compañera suya tocó el piano frente a él. Era la primera vez que Horacio escuchaba el sonido de un piano en vivo y quedó fascinado. Se enamoró así de la música clásica y pensó que quería seguir tocándola y aprendiéndola.

Sin embargo, el camino no fue fácil para él, en especial porque al principio se enfrentó con su familia, que no estaba de acuerdo con su decisión. Ellos pensaban que Horacio tenía que ser abogado, médico o contador. Sin embargo, él insistió.

No fue sino hasta que entró al conservatorio que Horacio se dio cuenta de que verdaderamente quería dedicar su vida a eso. Ahí, quisieron que él aprendiera a tocar otro instrumento. Sin embargo, su pasión por la flauta nunca lo dejó y perseveró hasta convertirse en el flautista más reconocido de México y uno de los más importantes del mundo.

Cuando le preguntan qué lo ha llevado a ser quien es, responde: «El trabajo y la disciplina, no hay de otra». Además de su trabajo como músico, Horacio se preocupa por llevar la música a lugares marginados de todo el país, y se ha convertido también en un importante defensor del derecho de las personas a vivir y amar libremente a quien elijan.

Horacio es el «Flautista de Hamelín» más famoso del mundo. Desde el colegio descubrió la flauta de pico y poco a poco siguió aprendiendo más y más sobre este instrumento, hasta que se volvió profesor y el flautista más importante de México.

De lo que haces o conoces actualmente, ¿qué te encanta? ¿Qué te gustaría seguir aprendiendo y perfeccionando?

LO QUE MÁS ME GUSTA ES:

Y ME GUSTARÍA APRENDERLO (O SEGUIRLO PRACTICANDO) EN:

ME GUSTARÍA TRABAJAR EN:

AHORA, ¡INVENTA TU PROPIO INSTRUMENTO MUSICAL!

Muchas de las cosas que usamos todos los días producen sonidos que a veces ni notamos: un juego de llaves chocando, el viento entre las hojas de los árboles o el tintineo de una gotera en una cubeta. Mezcla elementos cotidianos y crea un instrumento musical único. Observa bien tu entorno y elige elementos que puedan ayudarte.

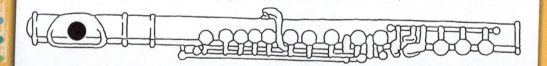

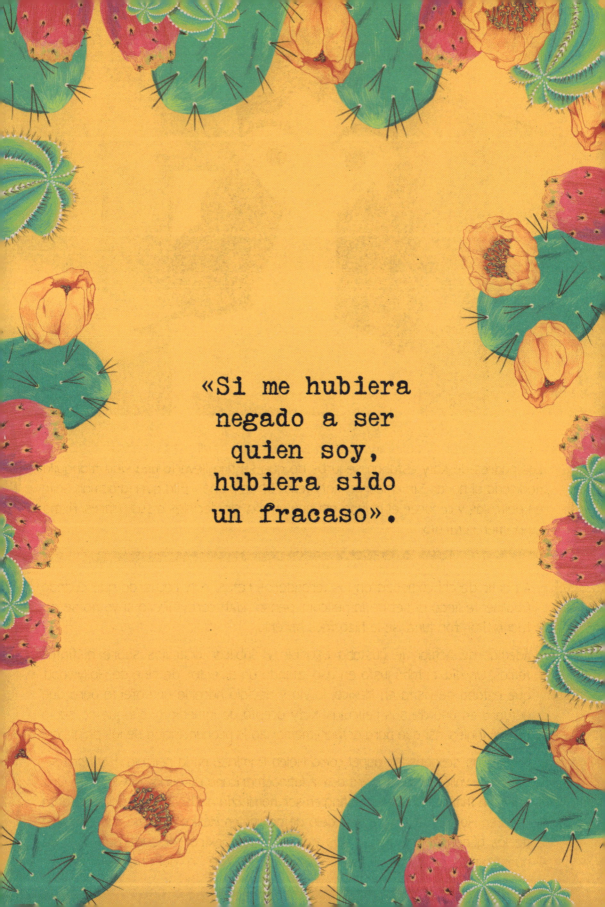

«Si me hubiera negado a ser quien soy, hubiera sido un fracaso».

Katy Jurado

Actriz

(Guadalajara, Jalisco, 16 de enero de 1924 – Cuernavaca, Morelos, 5 de julio de 2002)

Los padres de Katy estaban seguros de que su hija llevaría una vida tranquila dedicada al hogar. Sin embargo, Katy tenía otros planes. Ella quería actuar, salir en películas y conocer el mundo, así que un día, sin decirles a sus padres, firmó su primer contrato.

A partir de ahí comenzaron los verdaderos retos. Katy recuerda que, cuando finalmente llegó al set de la película, pensó: «¡Ah caray! ¡Pero si yo no sé actuar!». Por fortuna, se le hizo fácil hacerlo.

Además de actuar, le gustaba escribir y publicar artículos sobre distintos temas. Un día, estaba justo en eso cuando un director de cine de Hollywood, que estaba de visita en México, la vio y decidió hacerle una oferta para que actuara en una de sus películas. Katy aceptó de inmediato, aunque no sabía hablar inglés, así que para actuar ¡memorizó la pronunciación de las palabras!

Unos años después, su papel como Helen Ramírez, en la película *A la hora señalada*, le valió ser la primera actriz latinoamericana en ganar el Globo de Oro. Katy fue también la primera latina en ser nominada al Oscar. A pesar de su gran éxito en Hollywood, Katy nunca dejó de actuar en México y formó parte de una de las generaciones de actrices y actores más extraordinarias que ha dado nuestro país, en lo que se conoce como la Época de Oro del cine mexicano.

Gracias a su inteligencia y pasión, Katy Jurado logró interpretar muchísimos papeles en telenovelas, obras de teatro y películas. A ti ¿qué papel te gustaría interpretar?

Describe y construye tu personaje: ¿cómo se llama?, ¿de qué color es su cabello?, ¿le gusta el mango?, ¿comería chapulines? No olvides todos y cada uno de los detalles de su personalidad.

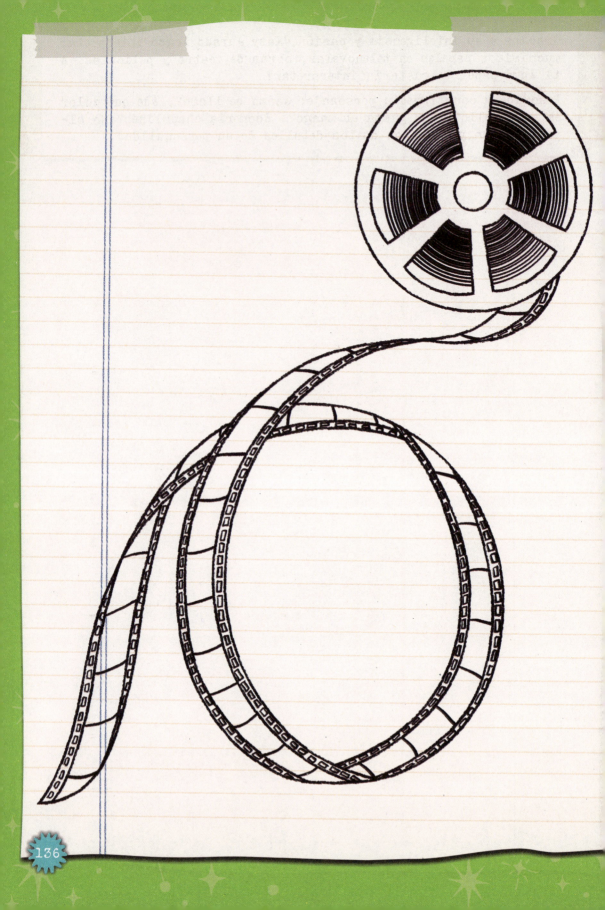

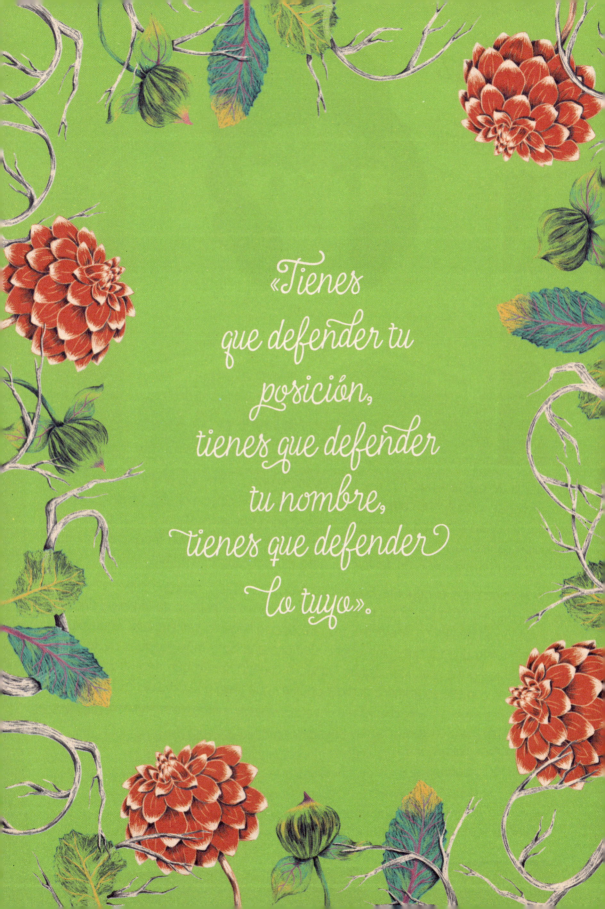

«Tienes que defender tu posición, tienes que defender tu nombre, tienes que defender lo tuyo».

HUGO SÁNCHEZ
Futbolista
(Ciudad de México, 11 de julio de 1958)

Con pintura de aceite, Hugo trazó en el pavimento de su calle las líneas que marcaban una cancha de futbol. Ahí comenzó a jugar con sus vecinos por las tardes. Tenía un talento extraordinario para dominar el balón y para burlar hasta al más hábil defensa del equipo contrario. Desde niño era un crack. Además, organizaba todo: quién jugaba para qué equipo, qué posición tenía cada uno y cuál era la estrategia.

A Hugo le encantaba el deporte. Entrenaba todos los días y buscaba superar sus propios récords. Debutó a los 18 en el equipo de su corazón: Pumas, de la Universidad Nacional Autónoma de México. Ahí demostró que quería llegar a ser el mejor y su voluntad para conseguirlo era tal que se quedaba siempre una hora más después de todos los entrenamientos para practicar alguna jugada o cuando sentía que necesitaba más trabajo. Continuó con esa costumbre aun después de que llegó a la cima del éxito deportivo.

Talento, perseverancia y una muy buena dosis de seguridad en sí mismo fueron los ingredientes para que Hugo llegara al Real Madrid a los 27 años. En un principio no fue fácil: algunos grupos de aficionados le gritaban insultos racistas desde las gradas y le decían que volviera a México. Hugo los calló con goles y campeonatos. Con el Real Madrid fue campeón de goleo en cinco ocasiones, por lo que también se le conoce como «el pentapichihi». En toda su carrera metió ¡487 goles! ¡Campeón!

Tu talento futbolístico ha vuelto loco a todos los agentes deportivos. Estás a punto de ser el nuevo pentapichichi de estos días. ¡Todos se pelean por ti! Para impresionarlos un poco más, tu prueba final es dominar el balón por un minuto. ¿Cuántas dominadas puedes lograr?

«Es necesario fracasar para crecer».

141

LAS PATRONAS

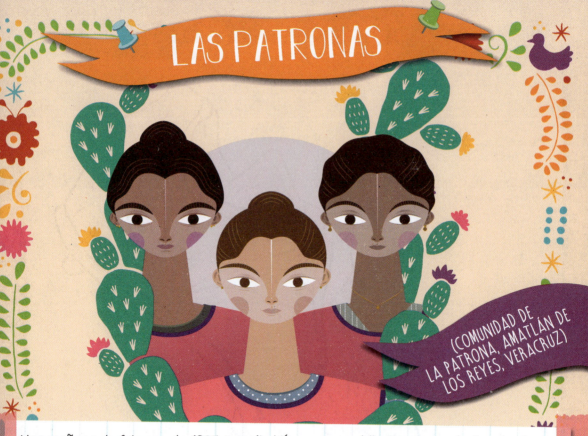

(COMUNIDAD DE LA PATRONA, AMATLÁN DE LOS REYES, VERACRUZ)

Una mañana de febrero de 1995, Leonila Vázquez y su hija Norma caminaban hacia su casa cuando se encontraron con un grupo de migrantes centroamericanos que pasaba por ahí, en su largo viaje hacia Estados Unidos a bordo del tren al que llaman *La Bestia*. Ellas no sabían ni quiénes eran o hacia dónde iban, pero lo que sí sabían es que estaban cansados y hambrientos. Entonces, Leonila y Norma les dieron la comida que traían.

Con el tiempo se fueron enterando de la realidad y la dura vida de los migrantes que pasaban por La Patrona, y así decidieron que siempre que pasara *La Bestia* ellas estarían ahí para darles agua y comida a los migrantes necesitados. Poco a poco se les unieron más mujeres, a las que se les conoce como «Las Patronas». Como ellas mismas lo cuentan, están muy organizadas: una cocina, otra va al mercado, otra va armando los paquetes, en los que incluyen también información sobre los derechos de las personas migrantes.

Cuando pasa *La Bestia*, se acercan a las vías del tren y lanzan a los vagones las bolsas que prepararon para los cansados viajeros. Al inicio de su labor, Las Patronas fueron criticadas por gente que no entendía por qué ayudaban a extranjeros. Sin embargo, su trabajo humanitario ha convencido a muchos de sumarse y ayudar.

Por su valor y trabajo voluntario a favor de los migrantes, Las Patronas han sido reconocidas en México y en el mundo como un ejemplo de empatía, solidaridad y humanismo.

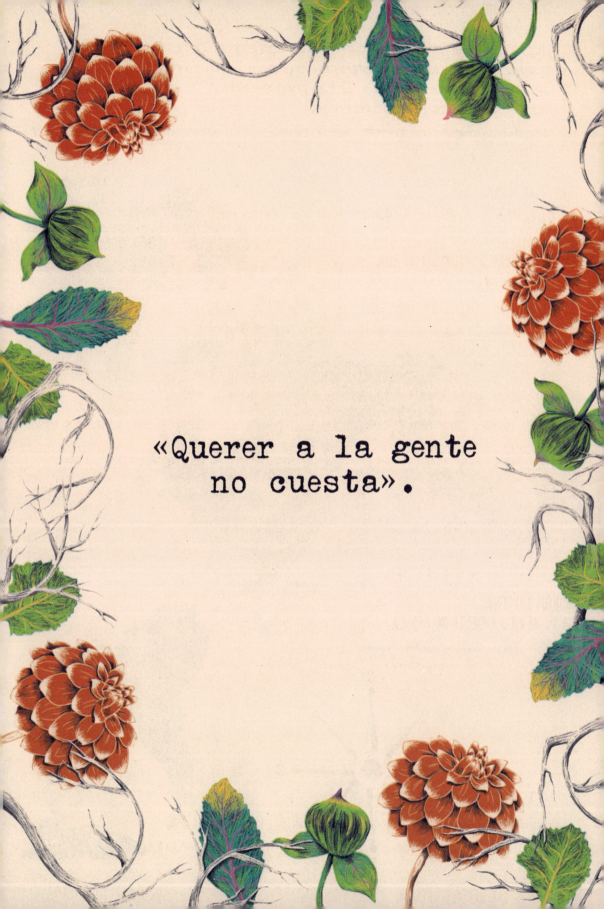

«Querer a la gente no cuesta».

Migrar es un derecho que permite buscar mejores condiciones de vida y ha ocurrido desde el inicio de los tiempos en el planeta Tierra. La migración es parte del instinto de supervivencia y sucede porque cambian las condiciones climáticas, se busca mejor sustento o refugio.

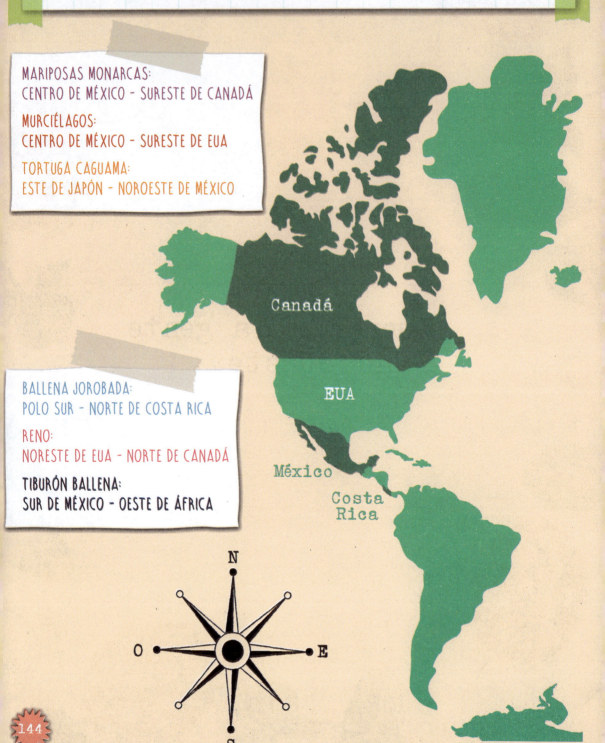

MARIPOSAS MONARCAS:
CENTRO DE MÉXICO – SURESTE DE CANADÁ

MURCIÉLAGOS:
CENTRO DE MÉXICO – SURESTE DE EUA

TORTUGA CAGUAMA:
ESTE DE JAPÓN – NOROESTE DE MÉXICO

BALLENA JOROBADA:
POLO SUR – NORTE DE COSTA RICA

RENO:
NORESTE DE EUA – NORTE DE CANADÁ

TIBURÓN BALLENA:
SUR DE MÉXICO – OESTE DE ÁFRICA

¿Alguna vez has pensado en todo lo que vuela una mariposa o una garza para llegar de un país a otro? Aquí te indicamos algunas de las rutas de viaje más sorprendentes para que las traces en este mapa:

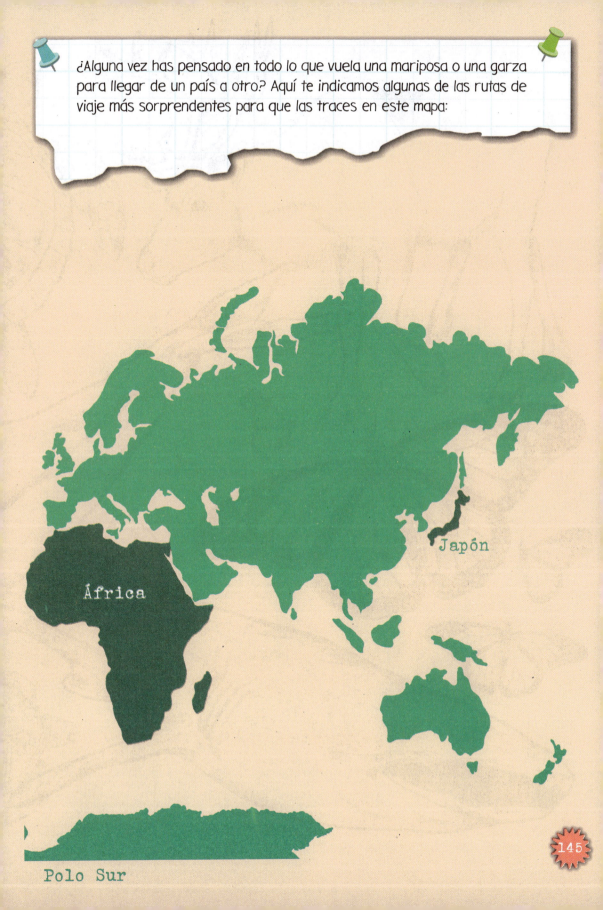

Isaac Hernández

Bailarín
(Guadalajara, Jalisco, 30 de abril de 1990)

En el hogar de los Hernández, en Guadalajara, todo era bullicio y movimiento. Isaac y sus hermanos siempre estaban ocupados estudiando o preparando cualquier show durante la semana, que presentaban ante vecinos y amigos los jueves por la noche. Además, como hijos de bailarines, los niños tomaban todas las mañanas clases de ballet con su papá en el patio de la casa.

Isaac se enamoró del ballet y a los ocho años decidió que quería dedicar su vida a eso. Sin embargo, sabía que tendría que dejar México, donde no había muchas oportunidades en la danza clásica, y menos para un varón. Fue así que dejó Guadalajara a los 13 años y se fue a vivir a Filadelfia. Pasó por las mejores escuelas de Estados Unidos. Aprendió, bailó y conoció a muchos de los grandes bailarines del momento. Estaba seguro de que quería ser como ellos.

Para ser el mejor bailarín de ballet, Isaac sabía que debía irse a Europa. Era una decisión arriesgada, que lo hizo enfrentarse a muchas dudas y críticas, pero él se mantuvo firme.

Ha bailado en los escenarios y con las compañías de ballet más importantes del mundo, y en 2018 se convirtió en el primer mexicano en ganar el premio Benois de la Danse, ¡el reconocimiento más prestigioso de la danza clásica! Además, trabaja en proyectos para que cada vez más niñas y niños mexicanos puedan dedicarse a la danza.

Bailar es un juego, es un momento para conectarte con tu cuerpo y expresarte. Ahora te toca a ti. Crea una coreografía para una canción o melodía que te encante. Puedes hacerlo solo o en conjunto con tus amigos.

Canción a interpretar

¿Con quiénes?

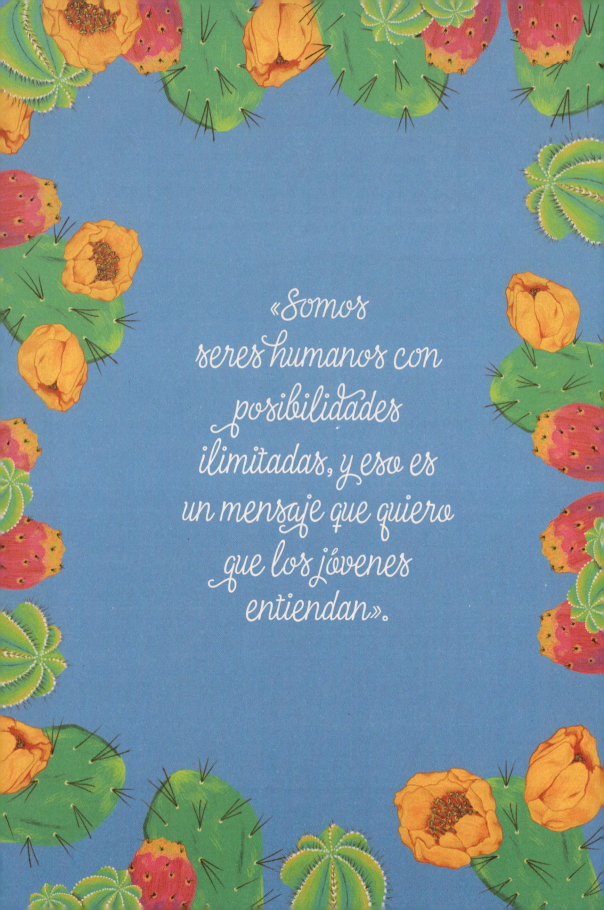

«Somos seres humanos con posibilidades ilimitadas, y eso es un mensaje que quiero que los jóvenes entiendan».

Leona Vicario

Independentista
(Ciudad de México, 10 de abril de 1789 - 21 de agosto de 1842)

Leona nació en una familia criolla de la Nueva España. En ese entonces no se acostumbraba que las niñas recibieran una educación formal, pero sus padres decidieron que su única hija sí la tendría. Así, estudió literatura, ciencia, pintura y dibujo.

La vida de Leona fue muy distinta de la que, en general, vivían las mujeres en la Nueva España. Educada e independiente, vivió sola desde joven y escribía y leía apasionadamente. Eran momentos cruciales para la independencia de México y formó parte importante de un grupo que apoyaba la causa: la sociedad secreta de Los Guadalupes, que protegían a los insurgentes y les daban información, contactos, dinero o lo que fuera necesario para su lucha por la libertad de la Nueva España.

Además, como parte de sus ideales políticos, se convirtió en una de las primeras promotoras de la igualdad entre hombres y mujeres, y defendía el papel de estas en la lucha por la independencia. Cuando un opositor suyo dijo que «las mujeres solo habían ido a la guerra de independencia por amor a sus hombres», Leona escribió un editorial en el periódico que decía: «No solo el amor es el móvil de las acciones de las mujeres; que ellas son capaces de todos los entusiasmos y que los sentimientos de gloria y la libertad no les son unos sentimientos extraños».

Leona Vicario es considerada una heroína de la Guerra de Independencia y fue una de las primeras periodistas en el país.

Leona Vicario pasó a la historia como la primera periodista en México, ¿te imaginas? Ahora te toca a ti. Elige un problema o acontecimiento de tu comunidad que te interese.

Empieza leyendo sobre el tema, haz algunas preguntas a tu familia y vecinos. Observa con atención durante algunos días. Cuando tengas la información recopilada, ¡es hora de la acción! Escribe tu nota periodística aquí abajo.

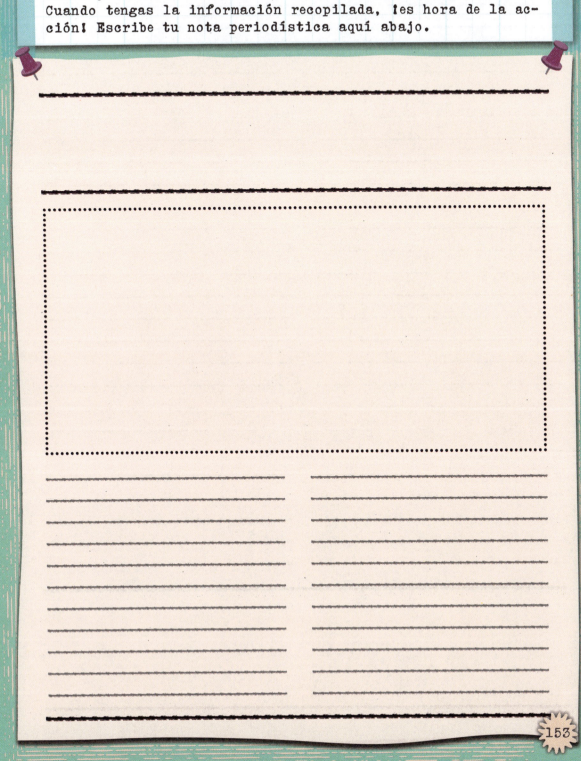

«Me llamo Leona Vicario, y quiero vivir libre como una fiera».

ISIDRO BALDENEGRO LÓPEZ
DEFENSOR DE LA TIERRA

(Coloradas de la Virgen, Chihuahua, 18 de marzo de 1966 – 15 de enero de 2017)

Isidro creció en la Sierra Madre Occidental. Para él, y para su pueblo —los rarámuris—, la naturaleza es sagrada. Desde pequeño, vio el ejemplo de su padre, que luchó sin descanso para proteger los bosques de su comunidad de quienes querían terminar con ellos para vender madera.

Un día, cuando tenía 20 años, caminaba en el monte con su padre y fueron atacados. Isidro sobrevivió, pero su padre no. Tomó el liderazgo de su comunidad para continuar defendiendo sus tierras y organizó manifestaciones pacíficas en contra de la tala ilegal y la complicidad del gobierno.

Su fuerza y defensa pacífica del medio ambiente no les gustó a muchos que querían seguir ganando dinero con la tala del bosque, así que hicieron que lo arrestaran. Estuvo quince meses en prisión y salió libre cuando se comprobó que los cargos eran falsos.

En 2005 le dieron el Premio Goldman, el más importante reconocimiento para los defensores ambientales. En su discurso, Isidro habló del amor a su tierra, a su familia, y sobre la importancia de defender los derechos de los pueblos originarios.

En 2017, después de años de amenazas para que dejara su lucha, Isidro fue atacado y murió. Tras su muerte, vecinos de la comunidad afirmaron: «Queremos seguir, no vamos a dejar que nos quiten nuestro territorio».

El activismo por el medio ambiente es vital, ahora más que nunca. Isidro sabía que todo necesita un equilibrio y que debemos respetar nuestra relación con la tierra, el hogar de todos los seres vivos. Muchas veces nos olvidamos de que las pequeñas acciones también cuentan y, por eso, te toca poner manos a la obra.

Separar la basura y reciclarla puede ayudarnos a disminuir nuestra producción de basura, que a veces termina en océanos o bosques. Te compartimos algunos tips para reciclar.

1. Separa tu basura en inorgánica, la que proviene de un medio industrial, y orgánica, en la que entran cascaras de frutas, restos de verduras, restos de plantas, residuos de papel.

2. La basura inorgánica la puedes dividir en empaques de tetrapack, botellas de pet, tapitas de plástico, cartón y vidrio. Consejo: puedes buscar si hay un centro de reciclado cerca de tu casa y llevar ahí tus envases.

3. Si puedes, evita comprar cosas envueltas en plástico. Carga tu botella de agua a todos lados y no olvides llevar tus bolsas cuando vayas a comprar algo.

4. Reutiliza material para trabajos de la escuela o incluso para adornar tu casa.

Una sociedad civil se ha puesto en contacto contigo para que la ayudes en su campaña para salvar los bosques de México. Escribe diez reglas que consideres básicas para el cuidado del medio ambiente y los bosques del país.

1. _____
_____

2. _____
_____

3. _____
_____

4. _____
_____

5. _____
_____

6. _____
_____

7. _____
_____

8. _____
_____

9. _____
_____

10. _____
_____

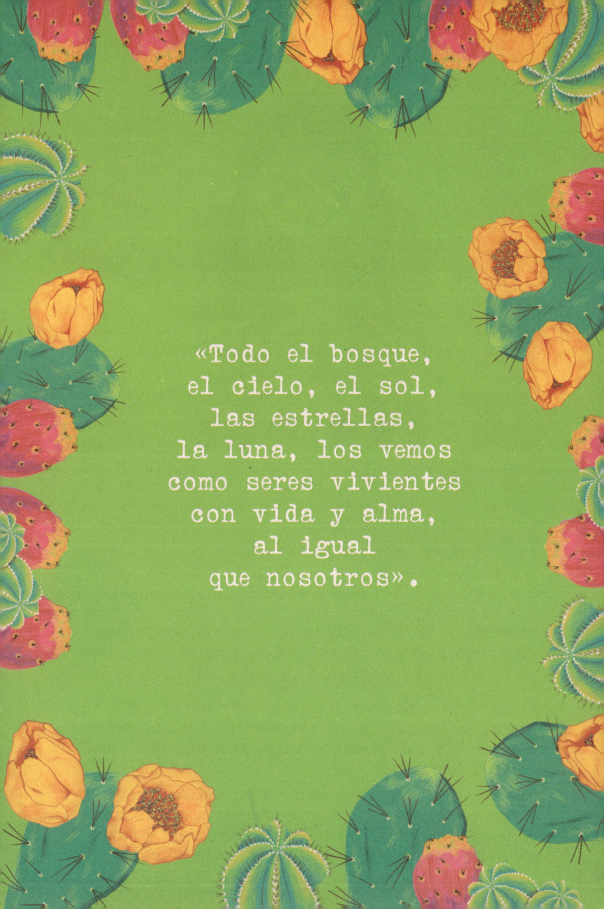

«Todo el bosque,
el cielo, el sol,
las estrellas,
la luna, los vemos
como seres vivientes
con vida y alma,
al igual
que nosotros».

LILA DOWNS

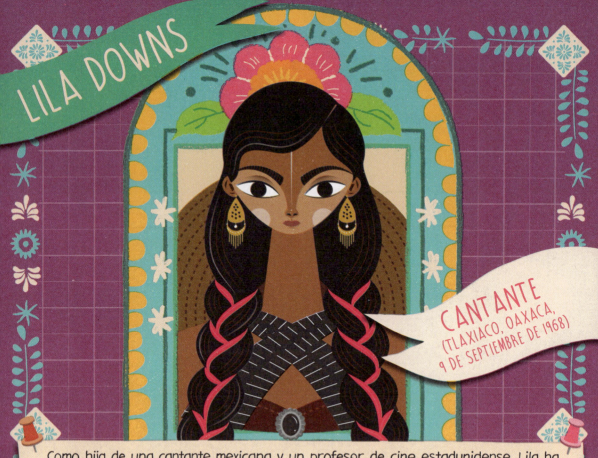

CANTANTE
(TLAXIACO, OAXACA, 9 DE SEPTIEMBRE DE 1968)

Como hija de una cantante mexicana y un profesor de cine estadunidense, Lila ha reflejado en su vida y su trabajo estas dos culturas. Pasaba un año viviendo en México y uno en Estados Unidos. Para ella, fue «un privilegio el poder ir y venir cruzando fronteras». Desde muy niña mostró interés por la música y comenzó a cantar canciones rancheras y tradicionales a los ocho años.

La muerte de su padre la trajo de vuelta a México, donde observó la pobreza y falta de oportunidades en muchas comunidades. Decidió que su carrera como cantante siempre iría de la mano con mostrar el valor y la riqueza de las culturas indígenas. Además, también se dio cuenta de que las mujeres eran excluidas y criticadas cuando querían tener una vida en la que pudieran decidir por sí mismas, y resolvió que ella no lo permitiría. «Fui aprendiendo que yo tenía el poder en mis manos», dijo.

La música y las composiciones de Lila fueron reflejando estos cambios y su convicción por defender a los más vulnerables. Por ello, canta no solo en español y en inglés, sino también en lenguas indígenas, como mixteco, zapoteco, maya, purépecha y náhuatl.

En el escenario, Lila es una explosión de música, originalidad y colores. Tal es su fama que un grupo de científicos descubrió una nueva especie de saltamontes en su natal Oaxaca, a la que llamó Liladownsia fraile en honor a Lila, su música y su activismo en la defensa de los pueblos indígenas de México.

Las portadas de los álbumes de Lila Downs son muy características porque incorporan elementos del folclor mexicano u oaxaqueño.

SI FUERAS A LANZAR UN DISCO, ¿CÓMO SERÍA LA PORTADA? ¿QUÉ ELEMENTOS ESCOGERÍAS? DISEÑA AQUÍ ABAJO TU IDEA. NO DUDES EN USAR RECORTES, MUCHOS COLORES, BRILLOS O CUALQUIER OTRO ELEMENTO.

«La cura para el dolor está en la música».

Javier Camarena

Tenor
(Xalapa, Veracruz, 26 de marzo de 1976)

Javier no puede creer que haya gente que piense que la ópera es aburrida. Más bien, dice, es igual que un partido de futbol, que no se disfruta igual en la sala de tu casa que en el estadio. Javier asegura que: «Hay que estar ahí, porque es un espectáculo que tienes que vivirlo en el teatro, con la orquesta en vivo, con los cantantes que no usan micrófonos».

Aun así, reconoce que de niño él tampoco entendía del todo qué era la ópera ni sabía que se convertiría en su pasión. No fue sino hasta tres años después de que comenzó a estudiar música y canto en la Universidad de Guanajuato que escuchó su primera ópera. En ese entonces fue a su primer concurso de canto internacional, y ahí se dio cuenta de que realmente le gustaba el mundo de la ópera.

Con mucho trabajo, y luego de dejar a su familia, tomó la decisión de irse a Suiza. Ahí estudió muchísimo y, cómo él mismo dice, «aprendió desde cero». Su hermosa voz de tenor fue cautivando audiencias y directores, pero él no se conformó con la fama ganada y siguió trabajando para mejorar.

Ha realizado varias veces un hecho poco común para cantantes de ópera: un bis, la repetición de alguna parte de su canto por aclamación del público que le pide más. Se convirtió así en el primer cantante en ofrecer un bis en cada una de las funciones en el Metropolitan Opera House de Nueva York.

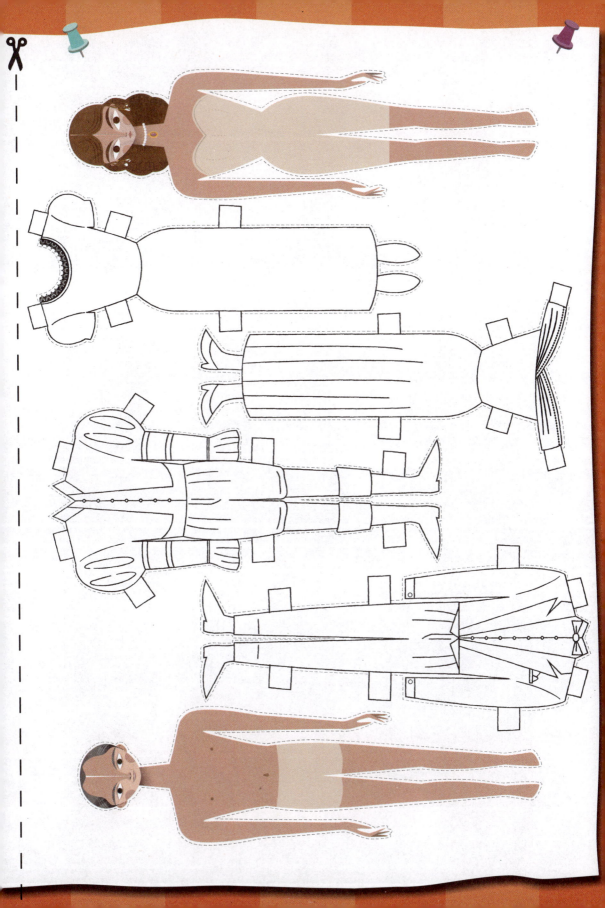

«Es mejor
ir a paso lento y
seguro. No brincarnos
ninguna parte de
los aprendizajes».

Como quizá ya hayas visto, la ópera es similar a una obra de teatro, pero aquí todos los diálogos y las acciones son cantados. Los cantantes de ópera, digamos que poseen un instrumento musical en sí mismos. Esto hace que haya varios tipos de registros: desde los más graves hasta los más agudos.

De forma similar a los musicales, los vestuarios y la escenografía tienen un papel importante en la ópera. Aquí te dejo un escenario listo para que diseñes la escenografía e incluyas a tus personajes con vestuario.

MARÍA ESPINOZA

TAEKWONDOÍNA
(GUASAVE, SINALOA, 29 DE NOVIEMBRE DE 1987)

María comenzó a practicar taekwondo como un juego. Tenía 5 años y le encantaba el mar. En ese entonces no se imaginaba que se convertiría en la mayor medallista olímpica mexicana de todos los tiempos, tras ganar medallas ¡en tres Juegos Olímpicos consecutivos!: Pekín 2008, Londres 2012 y Río 2016.

De niña vivía en Las Brechas, un pequeño pueblo de Sinaloa. Su papá trabajaba en un barco camaronero y su mamá se dedicaba al hogar. En su casa no había lujos, pero sí mucho respeto al trabajo y amor a la familia. A María le encantaba entrenar, a pesar de que diario tenía que viajar más de una hora en camión para hacerlo.

A los 12 años tuvo que dejar su casa por largas temporadas para iniciar sus entrenamientos de alto rendimiento. En esa época había muy pocas niñas en ese deporte, así que con frecuencia tuvo que enfrentarse a niños en combates. Eso la hizo fuerte y competitiva. Según ella misma cuenta, en sus inicios la motivaban muchas cosas: sacar adelante a su familia, alcanzar sus sueños y ser una gran deportista mexicana.

Para María, que ya se prepara para un nuevo ciclo olímpico en Tokio 2020, lo más importante es saber cuáles son tus objetivos y trabajar para conseguirlos sin ninguna presión. «Siempre lo he pensado así, ir paso a paso, ir competencia por competencia. Me gusta vivir en el presente», dice la máxima ganadora olímpica de México.

El taekwondo es un arte marcial moderno de origen coreano creado por el general Choi Hong Hi. Al ser un deporte de combate, la precisión de los golpes, tanto con los pies o las manos, es fundamental.

Para poder entrenar, perfeccionar y entender la filosofía de este deporte, se crearon las formas o pumses (poomsae). Estas formas consisten en una serie de movimientos que representan técnicas de ataque o defensa en contra de un oponente imaginario. Pueden practicarse de distinto modo: lento y de manera suave; lento, pero con tensión al realizar los movimientos o con velocidad y mayor fuerza.

Existen dos grupos de pumses que se practican antes de llegar al cinturón negro: las Taeguk y las Palgwe. Conforme vas avanzando en el entrenamiento, la complejidad va aumentando. Estas son importantísimas al momento de cambiar de grado porque demuestra tu dominio en el arte marcial. Además, hay formas básicas llamadas kichos que tienen la función de iniciarte en tu aprendizaje. ¿Te animas a intentar uno?

TOMA EN CUENTA ESTO PUNTOS BÁSICOS PARA REALIZAR UNA FORMA:

- Deben empezar y acabar en el mismo sitio, lo que indica precisión en la ejecución.
- Deben realizarse con ritmo y control.
- Deben ser movimientos con realismo.
- Se debe mantener el equilibrio durante la ejecución

«Me encanta subir a lo más alto para que se diga algo bueno de mi país».

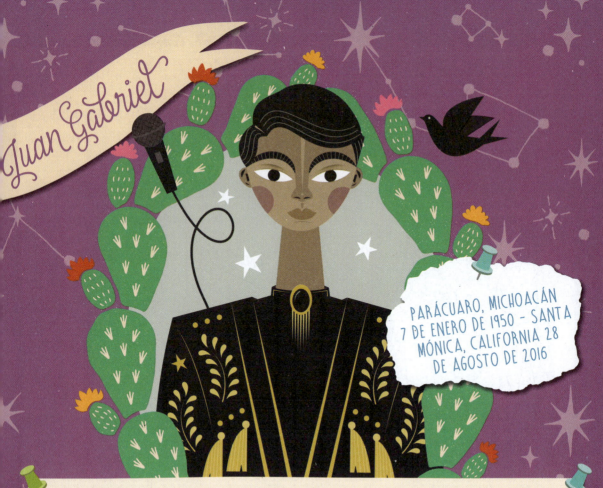

Juan Gabriel

Parácuaro, Michoacán 7 de enero de 1950 – Santa Mónica, California 28 de agosto de 2016

¿Sabes que Juan Gabriel solía cantar y bailar por horas y horas en sus conciertos? Hay quienes afirman que él decía: «Mientras la gente no se quiera ir, yo seguiré cantando». Y lo hacía. Un día, Juanga —como la gente le decía de cariño— cantó y bailó durante ¡seis horas con quince minutos! Su público lo adoraba.

Pero la vida de Juan Gabriel no siempre fue sencilla. De niño vivió con muchas carencias económicas y lejos de su familia. En el internado, en el que estuvo desde los cinco años, aprendió a tocar la guitarra y compuso su primera canción, «La muerte del palomo». Después decidió escaparse y buscar fortuna: trabajaba en lo que fuera que le permitiera seguir tocando y componiendo música. Fueron años duros, con momentos de mucha desesperación y hasta hambre.

La suerte de Juanga fue cambiando gracias a su talento y originalidad. Desde que grabó su primer disco, jamás dejó de estar en las listas de popularidad y en el corazón de muchísimos fans. Era único, extravagante y generoso con los demás. Parte de las ganancias de sus discos y conciertos la dedicó para que niñas y niños desprotegidos tuvieran una educación y aprendieran su gran pasión, la música.

Juan Gabriel fue ídolo de millones de personas en muchos países. Su música ha sido grabada en varios idiomas e interpretada por muchas de las mejores voces del mundo.

Trabajar por conseguir tus sueños es un camino largo. A veces tienes momentos en los que sientes que lo puedes todo y otros en que pareciera que la vida está en tu contra. Créeme, Juan Gabriel también tuvo que enfrentar muchos desafíos para llegar tan lejos. Escribe una minilista de cualidades que te ayudarán a cumplir tu sueño.

¿CUÁL ES TU SUEÑO? _____
_____

NOMBRA TRES CUALIDADES QUE TE DESPEJARÁN EL CAMINO EN TIEMPOS DIFÍCILES:

1. _____
2. _____
3. _____

LEMA PARA NO DEJARSE RENDIR:

«La música es un bello pretexto para conocer a la gente».

María Félix

ACTRIZ
(Álamos, Sonora, 8 de abril de 1914 – Ciudad de México, 8 de abril de 2002)

En un pueblo en pleno desierto sonorense nació María de los Ángeles Félix Güereña, mejor conocida como María Félix, la «gran diva» del cine mexicano. También se le conoce como «la Doña», debido a su temperamento fuerte y la determinación para desafiar lo que se creía que debía ser el buen comportamiento de una mujer.

Desde niña, a María le gustaba hacer cosas que normalmente solo hacían los niños. Era, además, muy hermosa y segura de sí misma, y estaba convencida de que hombres y mujeres debían ser tratados con total igualdad.

Un día, un director de cine se le acercó y le preguntó si le gustaría hacer una película. Ella respondió: «Si me da la gana, lo haré. Pero cuando yo quiera. Y será por la puerta grande». Poco después hizo su primera película. A partir de ese momento nació el mito de María como una mujer decidida, fuerte, independiente y talentosa. Hizo 47 películas, siempre como personaje principal, y se negó a ir a Hollywood.

Para ella, siempre fue muy importante decidir sobre su propia vida y amores, ¡que fueron muchos! Además, María se rodeó de artistas, pintores e intelectuales, y se convirtió en un personaje único e inimitable de la llamada Época de Oro del cine mexicano. A lo largo de su vida inspiró poemas, obras de arte y canciones que forman parte de nuestra cultura popular.

María siempre fue una mujer llena de confianza. Y, como para ella era fundamental sentirse bien en su propia piel, impulsaba la aceptación personal y sacar lo mejor de uno.

¿Cuáles son los rasgos que más te gustan de ti? ¿Cuál dirías que es tu mejor cualidad? Escribe una nota en la que te digas lo increíble que eres para que nunca lo olvides.

«Una mujer original no es aquella que no imita a nadie, sino aquella a la que nadie puede imitar».

Luis Villoro

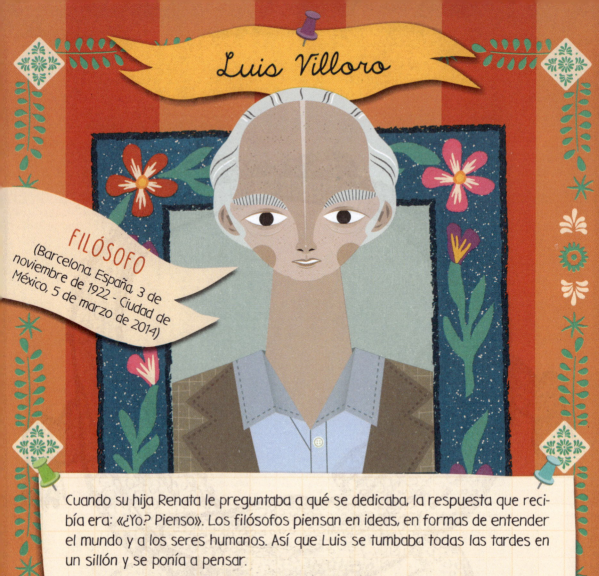

FILÓSOFO
(Barcelona, España, 3 de noviembre de 1922 - Ciudad de México, 5 de marzo de 2014)

Cuando su hija Renata le preguntaba a qué se dedicaba, la respuesta que recibía era: «¿Yo? Pienso». Los filósofos piensan en ideas, en formas de entender el mundo y a los seres humanos. Así que Luis se tumbaba todas las tardes en un sillón y se ponía a pensar.

¿Y sobre qué tanto pensaba? Sobre muchas cosas, como lo importante que es reflexionar por cuenta propia, hacernos preguntas que nos hagan entender mejor nuestra realidad y nuestra historia como mexicanos. Esta visión lo llevó a él y a un grupo de compañeros a formar el Grupo Hiperión, en el que participaron algunos de los filósofos más importantes del siglo XX.

La justicia fue otro de los temas a los que les dedicó su atención. Pensaba que en México no habíamos valorado ni entendido cuánto les debíamos a los pueblos indígenas. Se sentía profundamente influenciado por sus demandas de justicia y admiraba sus ideas sobre la comunidad.

Luis fue muy cercano al movimiento zapatista en Chiapas, que lucha por que los pueblos indígenas en el país sean tratados con dignidad, respeto y justicia. Por ello, se dice que Luis no fue solo un filósofo de palabras. Su trabajo no se olvidó nunca de la responsabilidad de actuar y transformar la realidad.

¿Sabes qué es la filosofía? Hagamos una investigación. Recolecta diferentes definiciones de esta rama de las humanidades para poder conocer más y empezar a acercarte a estos estudios.

Definición del diccionario:

Definición de tu mamá o papá:

Definición de tu maestra o profesor favorito:

¿Qué entiendes por filosofía ahora?

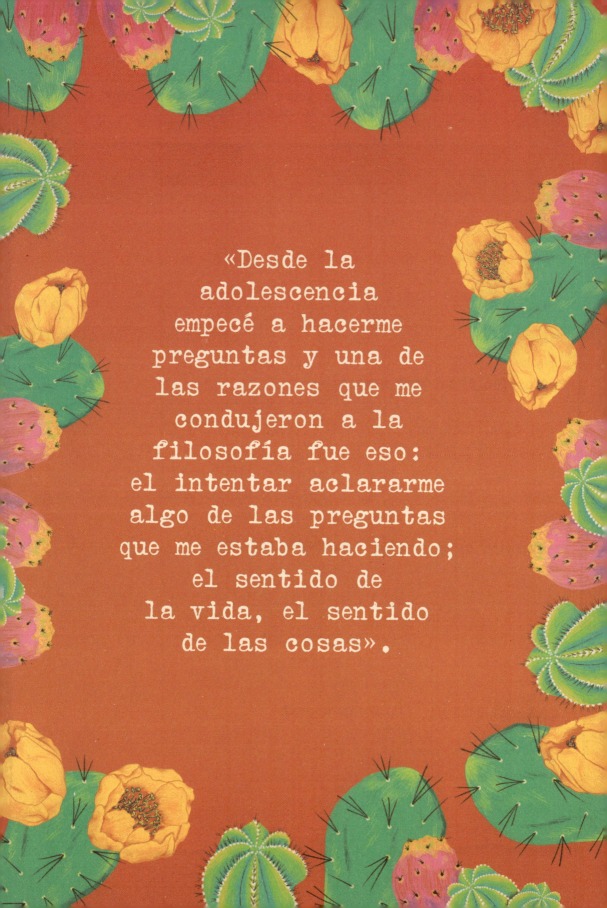

«Desde la adolescencia empecé a hacerme preguntas y una de las razones que me condujeron a la filosofía fue eso: el intentar aclararme algo de las preguntas que me estaba haciendo; el sentido de la vida, el sentido de las cosas».

Martha (Pati) Ruiz Corzo

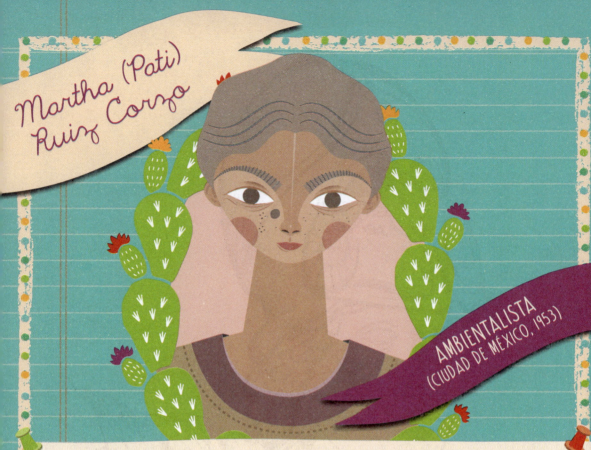

AMBIENTALISTA
(CIUDAD DE MÉXICO, 1953)

La primera pasión de Pati fue la música. Sin embargo, sentía que algo le faltaba, así que un día decidió irse a vivir a Agua de Maíz, una comunidad de la Sierra Gorda de Querétaro. Ahí, su familia comenzó a vivir en el bosque y aprendió a llevar una vida autosuficiente y de amor hacia la naturaleza.

Comenzó a dar clases a los niños de la región para que aprendieran a cuidar el maravilloso bosque en el que vivían. Ella y su familia iban a viveros cercanos por arbolitos, con los que reforestaban zonas enteras, y buscaban formas para que la gente de la sierra pudiera vivir de una manera más digna, justa y sustentable.

Poco a poco se dio cuenta del enorme reto que significa proteger el medio ambiente, así que decidió recorrer toda la sierra para platicar con las casi setecientas comunidades que ahí habitan. La idea era hacer un frente común para proteger su bosque y, en 1998, lograron que el gobierno los escuchara y protegiera su ecosistema, al hacer de la Sierra Gorda de Querétaro una de las áreas protegidas más importantes de México.

Por su trabajo y convicción para promover el respeto al medio ambiente, Pati ha recibido muchos reconocimientos y es considerada como una de las líderes ambientalistas más importantes de América Latina. Tiene tantos proyectos que, dice, le tomaría «esta y otras vidas» hacer todo lo que quiere.

¿SABÍAS QUE SIEMPRE, SIN IMPORTAR EN DÓNDE ESTÉS, PUEDES HACER ALGO POR EL PLANETA? AL IGUAL QUE LO HA HECHO PATI, ES MUY IMPORTANTE ENTENDER QUÉ NECESITA LA NATURALEZA DE NOSOTROS Y QUÉ NO.

Últimamente hemos oído consejos sobre cómo reducir nuestra huella plástica. Sin embargo, hay momentos en los que no podemos evitar usar algún utensilio plástico. Tranquilo, está bien. Aquí te dejo una manera de hacer hilo con bolsas de plástico. Luego lo puedes usar para tejer sombreros, bolsas, bufandas o cualquier otro accesorio.

Lo único que necesitas son varias bolsas de plástico y tijeras.

PASO 1: coloca la bolsa de plástico sobre una superficie plana. Intenta alisarla lo más que puedas, pero no te preocupes si quedan algunas arrugas en el plástico, eso no se notará.

PASO 2: después de doblar la bolsa por la mitad, vas a hacer dos cortes. El primero es en la parte superior, tienes que recortar las asas de la bolsa. Te recomendamos hacerlo lo más cerca y uniforme posible. El segundo es en la parte inferior, en la parte que une la bolsa.

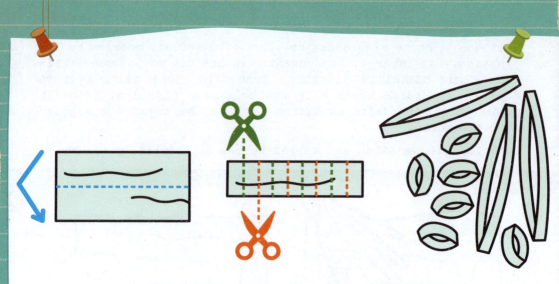

PASO 3: ya que tienes tu bolsa hecha un rectángulo, recorta unas tiras verticales. Te van a quedar unos aros o anillos de plástico.

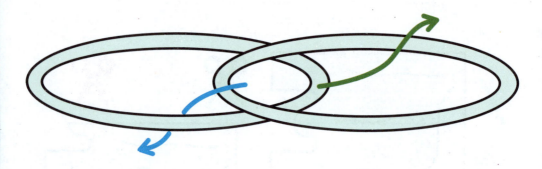

PASO 4: toma dos anillos y pon uno sobre el otro.

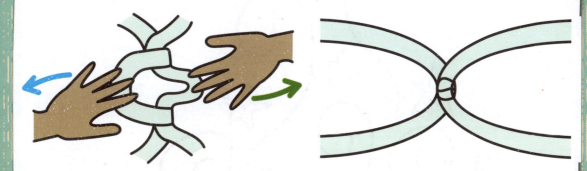

PASO 5: desde la parte superior, tira del lado izquierdo hacia la derecha y, desde la parte inferior, tira del lado derecho hacia la izquierda. Vas a formar un nudo con el que unirás ambos anillos. Tira de los extremos con cuidado y recuerda no apretar demasiado para que no se rompa tu hilo.

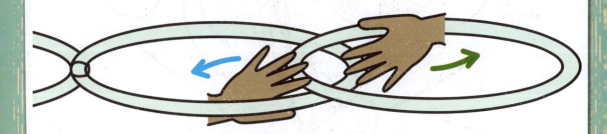

PASO 6: ahora, lo único que tienes que hacer es repetir este proceso con todos los anillos que te quedan. Así podrás hacer tanto hilo como quieras, con las combinaciones de colores que prefieras.

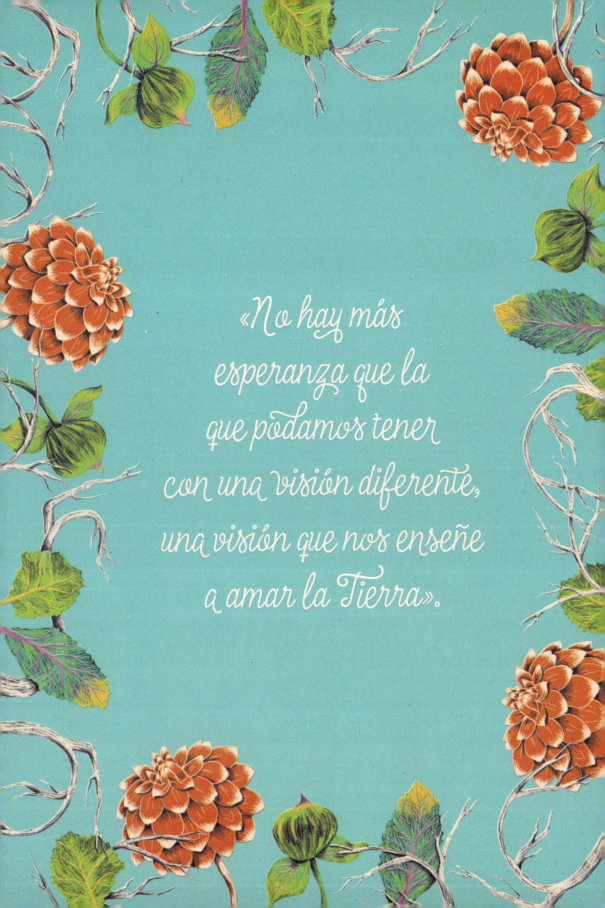

«No hay más esperanza que la que podamos tener con una visión diferente, una visión que nos enseñe a amar la Tierra».

Luis Zambrano González

BIÓLOGO
(TAMPICO, TAMAULIPAS, 14 DE NOVIEMBRE DE 1967)

Luis dice que, lo que ocurrió entre el ajolote y él, «fue un amor que fue madurando poco a poco». El ajolote es un anfibio que solamente vive en Xochimilco, en la Ciudad de México. Es un animal maravilloso que ¡es capaz de regenerarse solo! Por ejemplo, si pierde un ojo o un pedazo de cerebro o de cualquier órgano, ¡le vuelve a crecer!

Luis cuenta que hubo un tiempo en que se podían encontrar miles de ajolotes en las chinampas de Xochimilco, pequeñas islas artificiales usadas por los pueblos originarios de la región para el cultivo de sus hortalizas. Con el tiempo, Xochimilco y sus canales se fueron contaminando, la gente dejó de usar la chinampa para el cultivo de alimentos y se introdujeron otros peces al lago. Eso, entre otras cosas, hizo que la población de ajolotes pasara a tan solo 36 ejemplares (o menos) al día de hoy.

Por eso, Luis y un equipo de investigadores lanzaron el proyecto Refugio Chinampa, para tratar de salvar al ajolote de la extinción. La idea es recuperar la mayor cantidad de chinampas posible para que el ajolote tenga un lugar adecuado donde vivir en estado natural. En estas chinampas refugio, campesinos chinamperos usan de nuevo métodos tradicionales de cultivo que no dañan el ambiente. Con ello, el ajolote vuelve a nacer, se recuperan también otras especies en peligro y se hacen más fuertes las tradiciones y la vida comunitaria en el hermosísimo Xochimilco.

EL EQUIPO DE REFUGIO CHINAMPA ES MUY IMPORTANTE PARA CONSERVAR UNA DE LAS ESPECIES MÁS ASOMBROSAS DEL MUNDO: EL AJOLOTE. PARA DAR A CONOCER SU TRABAJO, REFUGIO CHINAMPA SE HA PUESTO EN CONTACTO CONTIGO Y NECESITAN QUE DISEÑES UNA INFOGRAFÍA SOBRE EL AJOLOTE.

Una **infografía** es un cartel con imágenes, texto y diagramas para explicar algún tema. Crea tu propia infografía en este espacio. Recolecta las herramientas necesarias (colores, plumones, crayolas, distintos pedazos de papel, estampas, recortes, brillos... pueden ser tantas como tú decidas) y ponte creativo.

«Cuando pienso en los ajolotes, pienso en su tranquilidad. Son casi zen».

¿SABÍAS QUE AL AJOLOTE TAMBIÉN SE LE CONOCE COMO XOLOTL, EL «HERMANO GEMELO» DEL DIOS QUETZALCÓATL?

Matilde Montoya

MÉDICA
(Ciudad de México, 14 de marzo de 1859 - 26 de enero de 1939)

El 24 de agosto de 1887, Matilde Montoya se convirtió en ¡la primera médica mexicana de la historia! Pero su camino no fue sencillo. De hecho, estuvo lleno de obstáculos que ella supo sortear con capacidad y esfuerzo.

Desde niña demostró un interés enorme por los estudios y el conocimiento; a los 16 se convirtió en partera y, años después, su trabajo la llevó a interesarse por la medicina, así que decidió presentar el examen para estudiar la carrera en la Escuela Nacional de Medicina. Tenía 24 años.

Era la única mujer en su clase y tuvo que enfrentar críticas de compañeros y profesores. En esa época había quienes pensaban que el papel de las mujeres estaba en el cuidado de la casa y los hijos, y no en un consultorio médico.

Pero Matilde no pensaba darse por vencida tan fácilmente y le escribió una carta al presidente Porfirio Díaz para que, con su intervención, la dejaran estudiar. Perseveró y cuatro años después se convirtió en la primera mujer graduada de la escuela de medicina del país, con lo que abrió el camino de la medicina y la ciencia para muchas mujeres mexicanas.

La doctora Montoya tenía dos consultorios: uno para pacientes que podían pagar la consulta y otro gratuito. Al haber vivido las diferencias entre hombres y mujeres de esa época, Matilde dedicó también una parte de su tiempo a luchar en contra de la discriminación hacia las mujeres.

MATILDE ERA UNA APASIONADA DEL CONOCIMIENTO. ¿CONOCES A ALGUIEN ASÍ? PIENSA EN TRES PERSONAS QUE TENGAN LA DETERMINACIÓN DE LA PRIMERA MUJER MÉDICA Y ANOTA POR QUÉ.

Nombre:

Motivo:

Nombre:

Motivo:

Nombre:

Motivo:

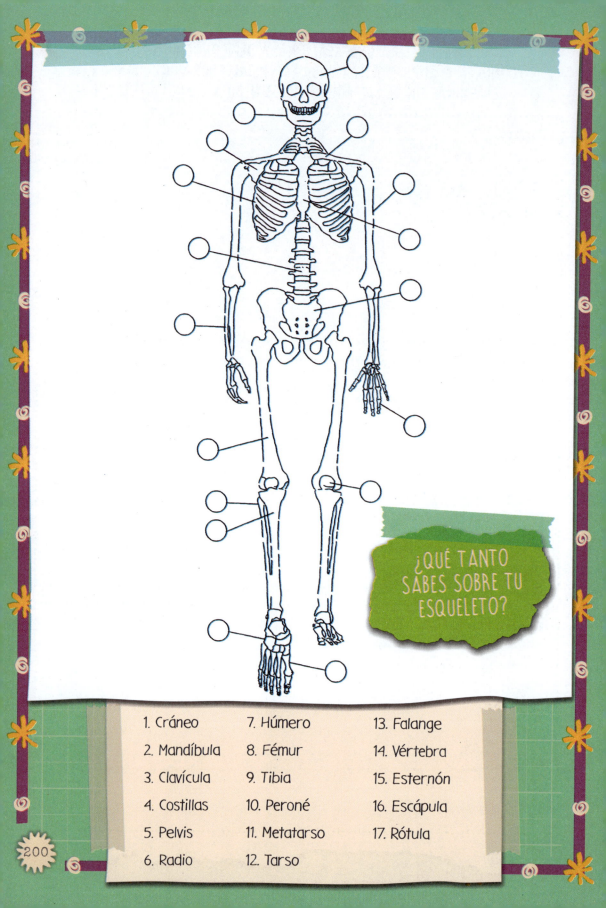

¿QUÉ TANTO SABES SOBRE TU ESQUELETO?

1. Cráneo
2. Mandíbula
3. Clavícula
4. Costillas
5. Pelvis
6. Radio
7. Húmero
8. Fémur
9. Tibia
10. Peroné
11. Metatarso
12. Tarso
13. Falange
14. Vértebra
15. Esternón
16. Escápula
17. Rótula

MARIO MOLINA

QUÍMICO
(Ciudad de México,
19 de marzo de 1943)

¿Alguna vez has usado el baño de tu casa para hacer experimentos? ¡Pues a Mario le parecía una gran idea! En su «laboratorio» pasaba horas experimentando con cosas que se encontraba por ahí y observando toda clase de materiales y organismos con su microscopio de juguete. El mundo científico era asombroso y el pequeño Mario se sentía muy feliz descubriendo y experimentando.

También le gustaba mucho tocar el violín, sin embargo, decidió que quería estudiar y volverse químico. En California comenzó a darse cuenta de que una sustancia utilizada en muchísimos productos —los llamados clorofluorocarburos— era muy dañina para la capa de ozono que protege la Tierra de los rayos del sol.

De hecho, Mario y un compañero científico, de nombre Frank Rowland, descubrieron que la capa de ozono se estaba adelgazando peligrosamente en algunas zonas del planeta. A pesar de que al principio no les hicieron mucho caso, sus investigaciones resultaron ser ciertas. Gracias a ellos se redujo el uso de los clorofluorocarburos en el mundo, tanto así que se espera que para 2050 la capa de ozono en el planeta esté completamente recuperada.

Por sus investigaciones sobre la capa de ozono, Mario recibió en 1995 el más importante reconocimiento científico del mundo: el Premio Nobel de Química.

Antes de convertirse en el primer nobel de Química en México y ser uno de los investigadores más importantes en el tema de prevención del cambio climático, Mario empezó desde lo básico: la química.

La tabla periódica es un conjunto de elementos ordenados por sus propiedades, su número atómico y su configuración de electrones. Identifica tres elementos que creas que están presentes en tu vida diaria. ¿Listo? Puedes revisar la tabla periódica que está en la página siguiente.

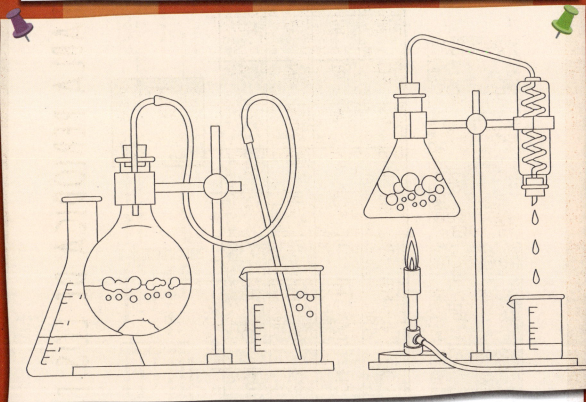

Elemento 1: _____

Elemento 2: _____

Elemento 3: _____

Ahora observa en qué cosas de tu rutina diaria encuentras esos elementos que elegiste.

Resultados elemento 1: _____

Resultados elemento 2: _____

Resultados elemento 3: _____

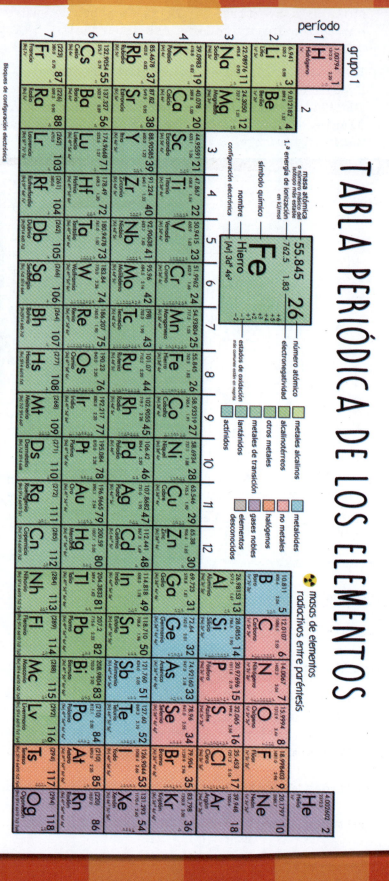

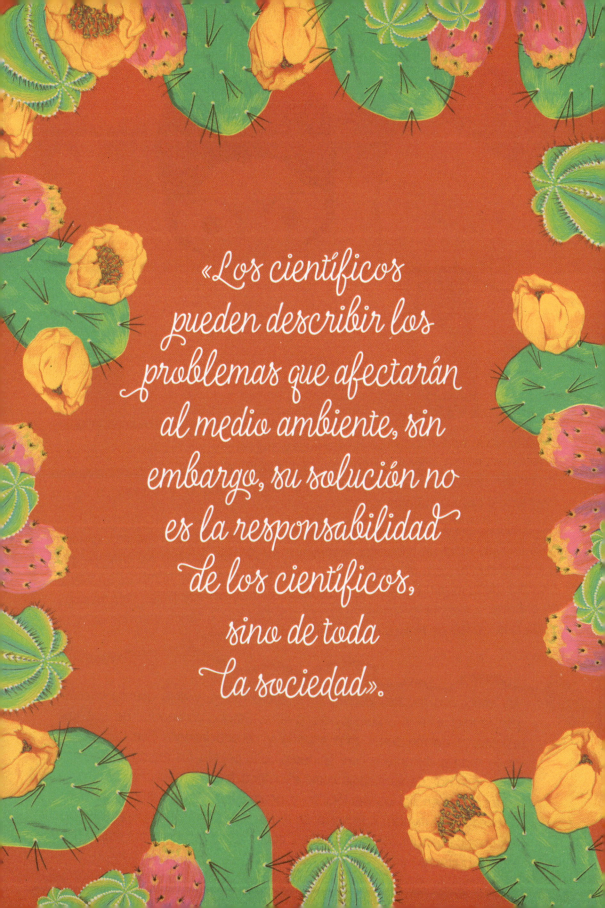

«Los científicos pueden describir los problemas que afectarán al medio ambiente, sin embargo, su solución no es la responsabilidad de los científicos, sino de toda la sociedad».

Rosario Castellanos

ESCRITORA
(Ciudad de México, 25 de mayo de 1925 – Tel Aviv, Israel, 7 de agosto de 1974)

Rosario nació en la Ciudad de México y a los pocos días de nacida, sus padres la llevaron a Chiapas. Creció en Comitán, al cuidado de Rufina, una mujer indígena de origen tzeltal. Con su guía, Rosario comenzó a conocer y a enamorarse del mundo y la cultura indígenas.

Sin embargo, para ella la vida como niña no fue fácil. En ese entonces, para muchas familias tener un hijo varón era mucho mejor que una hija. No entendía por qué pasaba esto, pero le parecía injusto que las mujeres y los hombres no fueran tratados de la misma forma, o que las mujeres tuvieran que limitarse a trabajar en el hogar y a servir a sus esposos, así que se negó a tener una vida así y se mudó a la Ciudad de México para estudiar en la universidad.

Ahí conoció a muchos escritores e intelectuales, y dejó que su interés por la escritura y la poesía volara libre. Estaba convencida de que las escritoras debían tener más espacio y reconocimiento. Fue una etapa muy creativa, durante la cual se dedicó a la poesía, los ensayos y las novelas. A la par de su trabajo como escritora, fue profesora universitaria, editorialista en varios periódicos y promotora de la cultura mexicana alrededor del mundo. A Rosario se le recuerda como una defensora de los pueblos indígenas en México, así como del derecho de las mujeres a elegir libremente y vivir una vida plena.

A Rosario le interesaba romper los estereotipos sobre cómo tenía que ser la mujer o qué se suponía que podía hacer. A partir de esto escribió cuentos, poemas, obras de teatro. A ti, ¿qué problemática te interesa? Imagina que el periódico local se puso en contacto contigo para que hables justamente de ese tema que elegiste por medio de un cuento. Escríbelo aquí abajo.

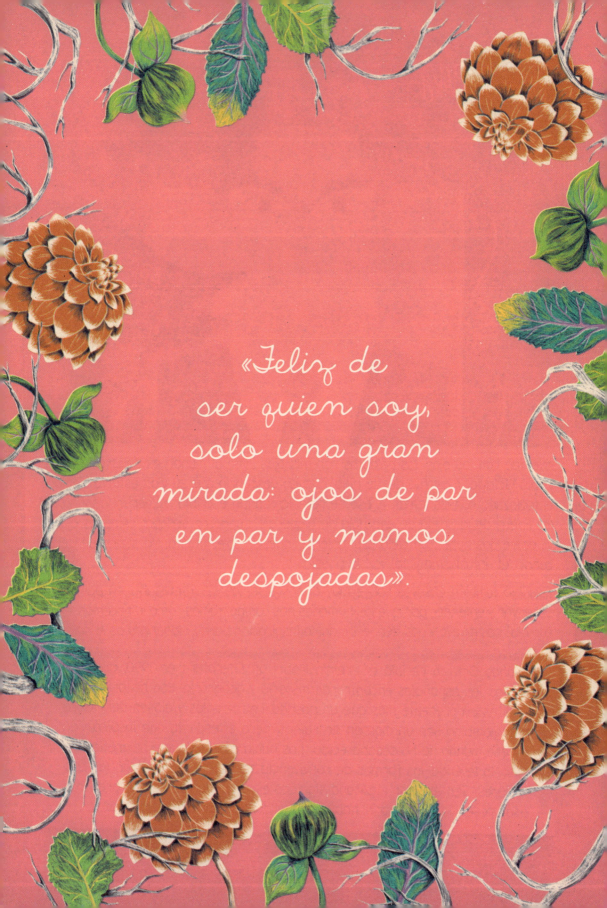

«Feliz de ser quien soy, solo una gran mirada: ojos de par en par y manos despojadas».

Octavio Paz

ESCRITOR
(Ciudad de México, 31 de marzo de 1914 – 19 de abril de 1998)

«No veo con los ojos: las palabras son mis ojos... ver al mundo es deletrearlo», escribió Octavio. Y así fue desde niño, cuando descubrió que su vida estaría siempre entrelazada con las letras. A eso se refería cuando escribió: «¡Leer mi destino en las líneas de la palma de una hoja de higuera!». Luego recordaba: «Alcé los ojos y vi, entre dos nubes, un cielo azul abierto, indescifrable, infinito. No supe qué decir: conocí el entusiasmo y, tal vez, la poesía».

Escribió también ensayos sobre muy diversos temas. Le interesaba, en particular, observar y entender por qué los humanos nos comportamos como lo hacemos, explicar qué nos mueve y nos define. De ahí la inspiración para *El laberinto de la soledad*.

Cuando Octavio recibió el Premio Nobel de Literatura en 1990, dijo: «En México, los españoles encontraron historia y geografía. Esa historia sigue viva: es un presente más que un pasado. Los templos y dioses del México precolombino son un montón de ruinas, pero el espíritu que inspiró vida en ese mundo no ha desaparecido; nos habla en el lenguaje hermético del mito, la leyenda, las formas de convivencia social, el arte popular, las costumbres. Ser escritor mexicano significa escuchar la voz de ese presente, esa presencia. Escucharla, hablar con ella, descifrarla: expresarla».

PARA ESCRIBIR UN GRAN LIBRO, HAY QUE SER UN EXCELENTE LECTOR.
EN EL MUNDO HAY MILES DE LIBROS PARA TODOS LOS GUSTOS:
DE CIENCIA FICCIÓN, ROMANCE, AVENTURA, FANTASÍA. DE LECTOR A LECTOR,
RECOMIENDA UN LIBRO, ESCRIBE SOBRE ESA HISTORIA QUE TE ENCANTA.

¿Cuál es tu libro favorito?

¿Por qué te gusta?

¿Le cambiarías algo?

Las palabras son la materia prima de todos los poetas. Increíble, ¿no? Te invitamos a que pongas tu creatividad a prueba. Inventa una historia con palabras cuyas letras iniciales sigan el orden del abecedario.

A _____
B _____
C _____
D _____
E _____
F _____
G _____
H _____
I _____
J _____
K _____
L _____
M _____
N _____

Ñ _____
O _____
P _____
Q _____
R _____
S _____
T _____
U _____
V _____
W _____
X _____
Y _____
Z _____

Ejemplo:

«Adán buscaba cazar dos elefantes fuertes, gordos; hormigas infinitamente jugosas; koalas luminosos. Mucho navegó, observó poco. Quería rápida, silenciosamente terminar. Uvas vio. ¡Wow! Xolos, yeguas zumbando».

«Cada poema es único. En cada obra late, con mayor o menor grado, toda la poesía. Cada lector busca algo en el poema. Y no es insólito que lo encuentre: ya lo llevaba dentro».

ROSARIO IBARRA DE PIEDRA

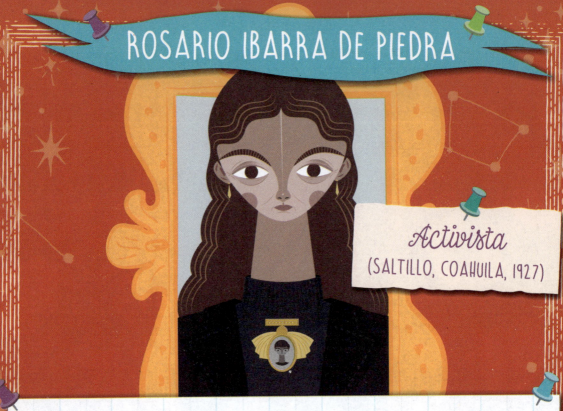

Activista
(SALTILLO, COAHUILA, 1927)

Según Rosario misma cuenta, fue una «niña feliz, joven feliz y casada feliz», hasta que su hijo Jesús fue detenido y desaparecido en 1975 en Monterrey, por policías estatales. Durante esa época en México, conocida como la Guerra Sucia, muchos jóvenes fueron acusados injustamente. Algunos fueron encarcelados y aparecieron después, pero de otros, como el hijo de Rosario, jamás se ha vuelto a saber.

Rosario comenzó a buscar a su hijo y conoció a muchas otras familias de todo el país que estaban en la misma situación. Se dio cuenta de que juntos tendrían más fuerza, así que en 1977 fundó el Comité ¡Eureka!

Junto con su familia, tocó todas las puertas para tratar de encontrarlo; se entrevistó con presidentes, políticos y policías. Para que les hicieran caso, se manifestaron e incluso iniciaron una huelga de hambre. Fue un acto muy valiente porque, en esos tiempos, algo así podía costarte ir a la cárcel o ser perseguido.

La lucha por encontrar a su hijo, y a todos los hijos desaparecidos de México, la llevó a entrar a la política y, en 1982, se convirtió en la primera candidata a la presidencia del país aunque sabía que no ganaría. Decidió hacerlo en memoria de su abuela Adelaida, que años atrás había luchado por que a las mujeres se les permitiera votar.

Han pasado más de cuarenta años, pero nunca ha perdido la esperanza de encontrar a Jesús. «Es parte del oficio de ser madre», dice con una sonrisa.

Hay acontecimientos en la vida que nos hacen detenernos y tomar rumbos que nunca pensamos. Rosario emprendió una lucha interminable junto con el Comité ¡Eureka! para encontrar a su hijo y otros desaparecidos.

Si hoy tuvieras la oportunidad de fundar un grupo para luchar por algo, ¿por qué sería? ¿Cómo se llamaría? ¿Cuál sería su emblema?

El comité _____ se funda para _____
_____
_____
_____
_____
_____
_____
_____

«Vamos a luchar, nunca a olvidar».

RAFAEL NAVARRO GONZÁLEZ

ASTROBIÓLOGO
(Ciudad de México, 25 de abril de 1959)

A las 10:02 de la mañana del 26 de noviembre de 2011, en el Centro Espacial de Cabo Cañaveral, Rafael vio cómo despegaba la nave que llevaba al Curiosity, un vehículo de exploración enviado a Marte por la nasa para realizar todo tipo de experimentos, con la idea de encontrar evidencia de vida. Rafael no podía contener su emoción, porque dentro del Curiosity iba su «corazón», un instrumento científico diseñado y supervisado por él: el Sample Analysis at Mars, o SAM, el cual tenía la encomienda de analizar rocas y otros elementos que se formaron hace 3 250 millones de años en Marte.

El Curiosity tardó ocho meses en llegar a ese planeta y aterrizó en el cráter Gale. Comenzó a mandar datos a la Tierra de inmediato, y Rafael y su equipo iban analizando todo lo que enviaba. El análisis hecho por el SAM reveló lo que muchos esperaban: evidencia de que hubo agua líquida, elementos químicos y orgánicos, y, con ello, la posibilidad de vida en Marte hace miles de millones de años.

Desde su planeación hasta su creación y llegada a Marte, el SAM requirió diez años. Durante ese tiempo, Rafael y un equipo de investigadores trabajaron para crear este laboratorio capaz de resistir las duras condiciones marcianas.

Cuando a Rafael le preguntaron si cree que hay vida fuera de nuestro planeta, responde rápidamente: «¡Claro!», y agrega: «De hecho, estoy seguro de que ahora mismo en otro lugar del universo hay alguien haciéndose exactamente esa misma pregunta».

Todo empezó con un big bang. ¿Te imaginas sostener el universo en tus manos? ¡Vamos a hacerlo! Vas a necesitar algunos materiales, un lugar donde puedas usar pintura y ganas de viajar al universo.

MATERIALES:

- UN FRASCO TRANSPARENTE DE CRISTAL O PLÁSTICO CON TAPA
- VARIOS RECIPIENTES PARA MEZCLAR COLORES
- COLORANTE VEGETAL AZUL, ROJO Y AMARILLO
  (TIP: PUEDES PROBAR DIFERENTES COMBINACIONES)
- ALGODÓN
- AGUA DEL GRIFO
- UN PALILLO O PALO DE MADERA LARGO
- ESTRELLITAS Y DIAMANTINA

MANOS AL ATAQUE:

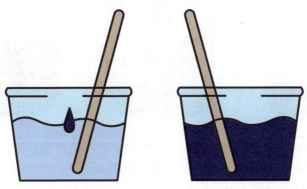

1. Vierte agua en uno de los recipientes, agrega una gota de colorante y revuelve un poco con el palillo.

2. Coloca un trozo de algodón al fondo del frasco. Cuando lo acomodes, vierte el agua que ya teñiste. Después añade la diamantina y las estrellas, y revuelve con el palillo hasta que queden bien mezclados.

3. Elige otro color y tiñe más agua en otro recipiente.

4. Coloca otra capa de algodón en el frasco y vierte el agua teñida nuevamente. Después agrega la diamantina y mezcla con el palillo.

5. Repite este procedimiento probando con diferentes colores, más algodón, menos algodón, o tal vez más brillos, hasta que llenes el frasco.

AQUÍ TE DEJO UNOS EJEMPLOS
DE GALAXIAS PARA QUE TE INSPIRES.

Sor Juana Inés de la Cruz

POETA Y ESCRITORA

(Nepantla, Estado de México, 12 de noviembre de 1648 - Ciudad de México, 17 de abril de 1695)

Juana Inés fue una niña muy inquieta. A los 3 años solía entrar a escondidas a las clases que tomaba en casa su hermana mayor, María, y poco tiempo después comenzó a leer y a escribir. Se hizo aficionada a la lectura y amante del conocimiento. Sus ganas de aprender y seguir estudiando eran tales que intentó convencer a su madre de que, cuando fuera mayor, le permitiera ir a la universidad. Pero en esa época, solo los hombres podían estudiar en la universidad.

Para aprender, a Juana Inés no la detuvo nada. A los 8 años ya escribía pequeños e ingeniosos versos, hacía toda clase de preguntas e incluso se ponía ella misma castigos, como cortarse trocitos de cabello, si no aprendía bien las lecciones. Pensaba que de nada servía tener un cabello bonito si la cabeza estaba vacía de ideas.

Cuando cumplió 15, se mudó a la Ciudad de México para vivir en la corte del virrey; en esa época México todavía no existía como país independiente. En la corte asombró a todos por su ingenio e inteligencia, pero también hizo enemigos, personas que creían que una mujer no debía dedicarse al estudio y al conocimiento. Decidió dejar la corte y entrar a un convento de monjas para tener tiempo de escribir y estudiar. Así, se convirtió en sor Juana Inés de la Cruz, y dedicó el resto de su vida a escribir libros, teatro, poesía ¡y hasta música!, y a defender su derecho de pensar libremente.

Un epíteto es el nombre que se le da a alguien por alguna cualidad de su persona. Tradicionalmente se emplea para referirse a reyes, guerreras y otras personas notables. Los de sor Juana, por ejemplo, eran «La décima musa» y «El fénix de México», por su grandeza al escribir. A ti, ¿cómo te gustaría pasar a la historia? ¿«La justiciera del cambio climático»? ¿«El corazón noble de México»?

Haz una lista de opciones:

1.
2.
3.
4.
5.
6.
7.
8.
9.
10.

¿Qué es la poesía? Esa es una pregunta que muchísimos escritores han intentado descifrar. La verdad es que la poesía es algo diverso y cambiante. Cada escritor puede tomar una forma de ella y modificarla para que logre transmitir lo que quiere.

Sor Juana practicaba una de las formas más clásicas, pero ha habido muchísimos estilos y procesos para hacer poesía. Uno de los métodos más divertidos fue propuesto por los dadaístas, artistas del siglo pasado que revolucionaron su época. ¿Quieres intentarlo?

1. Busca revistas o periódicos que puedas recortar. Escoge varias páginas, las que tú quieras, y ponte a recortar las palabras.

2. Una vez que hayas juntado suficientes palabras, o sea la cantidad que tú consideres necesaria, métalas en una bolsa y revuélvelas.

3. Después de revolverlas, irás sacando una a una las palabras de la bolsa para pegarlas en una hoja e ir escribiendo tu propio poema dadaísta.

4. Puedes repetir el ejercicio cuantas veces quieras, el chiste es que te pongas creativo con las palabras.

RODRIGO MEDELLÍN LEGORRETA

ECÓLOGO
(CIUDAD DE MÉXICO, 1957)

¿Sabías que la primera palabra de Rodrigo no fue «mamá», «papá» o «agua»? Su primera palabra fue «flamenco», o bueno, ¡eso dice! Desde bebé amaba a los animales y desde muy pequeño decidió que quería estar siempre cerca de ellos. En particular, a Rodrigo le gustaban los murciélagos. Tal era su fascinación que insistió hasta que sus papás le dejaron tener algunos en el baño de su casa.

Conforme fue creciendo, Rodrigo se dio cuenta de que había mucho trabajo que hacer para conseguir que todos los animales y ecosistemas del mundo fueran respetados y conservados. Estudió muchos de ellos, pero los murciélagos siempre han sido el centro de su trabajo. Como él dice, estos animales tienen una muy mala reputación. Sin embargo, posiblemente no haya una especie más importante para los seres humanos que los murciélagos. Son esenciales para la polinización, la dispersión de semillas y el control de plagas. «Los murciélagos son héroes incomprendidos. Más gente debe saber de la gran importancia que tienen en su vida».

Su trabajo ha sido tan importante que incluso se le conoce como «el Batman mexicano». Gracias a él y a otros investigadores, en México hay varias áreas protegidas para que los murciélagos continúen haciendo su importante labor.

Rodrigo ha trabajado por la conservación de los murciélagos, en México y América Latina, y ha tenido que lidiar con los prejuicios sobre ellos e intentar erradicarlos.

¿Alguna vez te ha pasado que juzgas erróneamente a un animal sin saber lo magnífico que es en realidad? Te retamos a cambiar eso. Investiga y apunta tres cualidades o datos que no supieras de cada uno de los animales que enlistamos. ¡Ayúdanos a cambiar su reputación!

Hienas: ¿sabías que son más inteligentes que los chimpancés?

- _____
- _____
- _____

Buitres: ¿sabías que gracias a ellos se recicla gran parte de los desechos naturales?

- _____
  _____

- _____
  _____

- _____
  _____

Ratas: ¿sabías que se bañan más veces al día que tú?

- _____
  _____

- _____
  _____

- _____
  _____

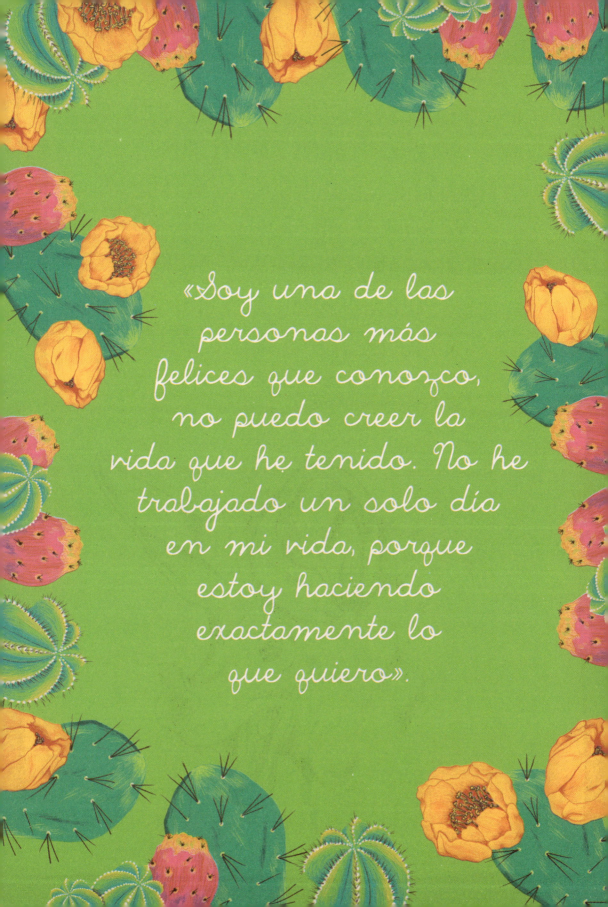

«Soy una de las personas más felices que conozco, no puedo creer la vida que he tenido. No he trabajado un solo día en mi vida, porque estoy haciendo exactamente lo que quiero».

¿SABÍAS QUE EXISTEN TRES TIPOS DE MURCIÉLAGOS CARNÍVOROS? RODRIGO Y SU EQUIPO SE ESPECIALIZAN EN ESTUDIAR AL «FALSO VAMPIRO» Y AL «LANUDO OREJÓN», A QUIENES LES PONEN DISPOSITIVOS GPS PARA CONOCER SUS RUTAS DE VUELO.

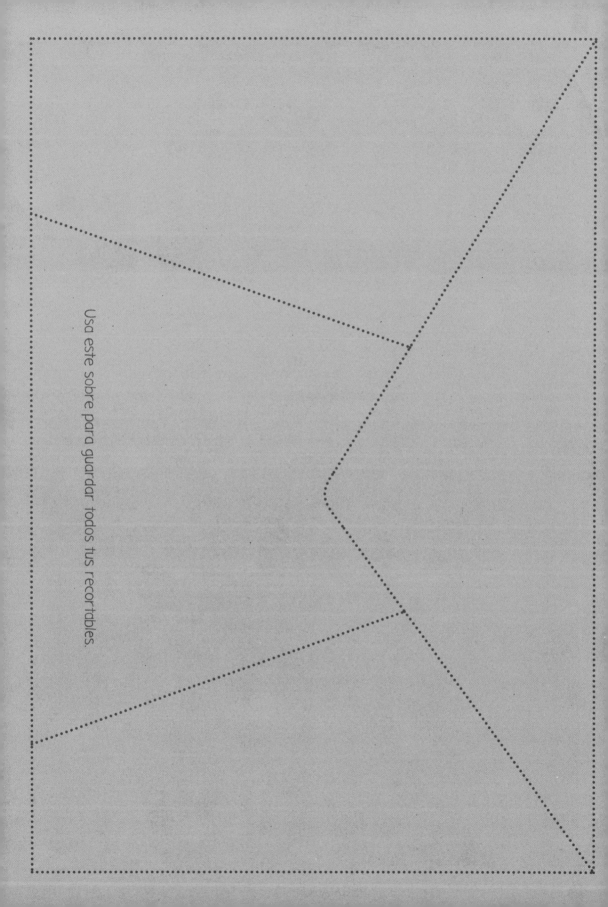

PEGA AQUÍ

PEGA AQUÍ

PEGA AQUÍ

PEGA AQUÍ